人物叢書

新装版

石橋湛山《いしばしたんざん》

姜　克實

日本歴史学会編集

吉川弘文館

石 橋 湛 山（『石橋湛山評論選集』より転載）

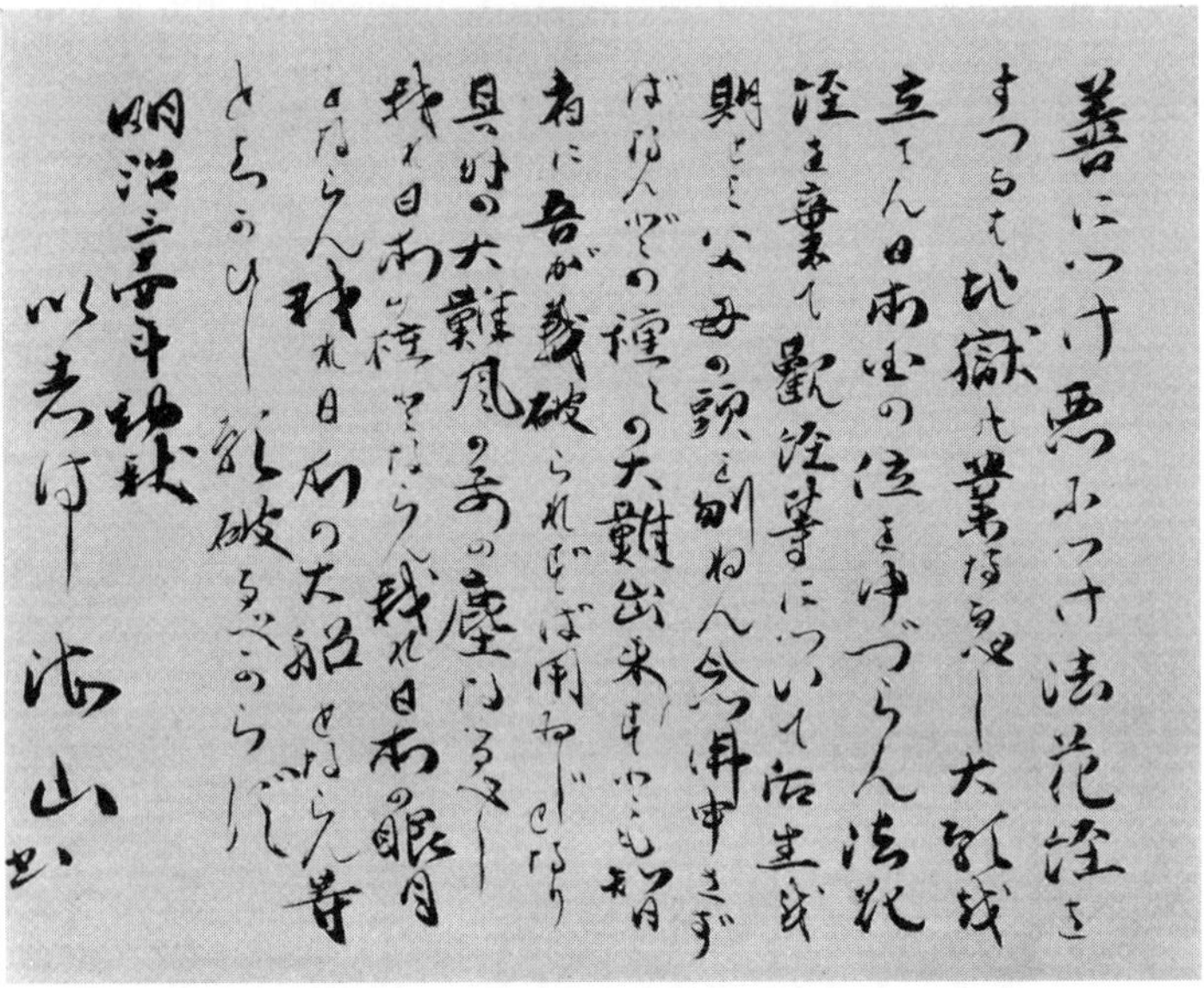

中学生のときに湛山が級友荒井金造に贈った書

荒井金造はのち外交官となり，中国各地で領事を務めた後，帰国して山梨学院大学教授（外交史担当）を経て，拓殖大学の経営にあたった人物である．この書は日蓮の『開目鈔』の一節で，1901年に書かれたものである（本書8ページ参照）．

はじめに

石橋湛山（一八八四―一九七三）は、明治・大正・昭和の三つの時代にわたって活躍した言論人・政治家・思想家であり、戦前では植民地放棄論、小国主義を唱えた異色の経済ジャーナリストであった。戦後、政界に転身して第一次吉田内閣（一九四六年五月―四七年五月）の大蔵大臣を務め、独立後、鳩山（一郎）内閣の通産大臣を三回連続して経験し、保守合同（一九五五年）の後、自由民主党第二代目の総裁、第五五代内閣総理大臣（一九五六年一二月―一九五七年二月）まで登りつめた人物である。

戦前の日本について、対外侵略・拡張のイメージしか持たなかった私が、石橋湛山の名を知ったのは、一九八三年一〇月、早稲田の大学院に留学してからまもない時であった。このような稀有の存在にすぐに心を奪われ、石橋を研究テーマに決定したのである。それから早くも三〇年が経とうとしている。母校の早稲田で石橋と出会ったので、その書籍、資料、人脈、逸話に接する機会は自然に多くなる。まもなく、本石町東洋経済ビル八階の石橋湛山記念財団の事務室で御令息の湛一氏にお会いすることになり、ありし日の湛山の面影と重なるそのお顔を拝見した途端、ドキッとした記憶が鮮明に残っている。早稲田ということだけではなく（湛一氏も早稲田の出身）、私が湛山と縁故の深い中国から来た石橋湛山研究者だからであろう、湛一氏は親切に接してくださり、しばしばお会いする機会に恵まれた。

その頃の私の下宿は西落合で、中落合の石橋邸（石橋湛山記念財団所在地）とも至近距離なので、公私ともに石橋邸に出入りする機会が多くなった。その成果を、博士論文（『石橋湛山の思想史的研究』一九九二年）の作成にも活かした。その後、早稲田大学で研究助手を務めた二年間（一九九一—九三年）、わりと暇があったので自転車で週二日ほどお邪魔するのが慣例となった。国立国会図書館憲政資料室に寄贈する前の、資料（『石橋湛山文書』）の分類・整理作業のためである。これ以前、すでに占領関係の部分は、増田弘氏によって整理され憲政資料室に収められていたので、私の手を経たのはその残りの部分である。作業終了後、日記、手記、重要な書簡類のオリジナルを残し、ほかは一括して憲政資料室に委託保管した。

私は、湛山に関する本をこれまで三、四冊書いているが、いずれもその時点の研究成果をまとめたもので、体系の統一を欠いていたことは否めない。この本は、私がはじめて湛山の一生を一冊にまとめた書物であり、一般読者にも理解できるように、湛山思想の体系化に力を入れたつもりである。

湛山は一生を通じて、後世の我々に二つの超時代的構想を残している。その一つは、戦前から主張してきた、帝国主義の否定を特徴とする「人中心」の小国主義であり、二つめは、戦後の冷戦時代下に打ち出した、世界一家を理想とする「日中米ソ平和同盟」構想である。前者は小国日本の針路を示し、戦後日本の復興・成長に基本理念を提供し、後者は冷戦後のグローバル化する世界の趨勢を予見し、今日の国際社会における国家のあり方を示した。この二つの構想は、いずれもその時代においてではなく、後代になってはじめて価値を認められた先見性のあるものである。今日になってもその思想の光輝が衰えず、国家のあり方、人間の生き方の面において、我々に有益な示唆を与えつづけていると思う。

一方、石橋湛山の思想は、決してたやすく捉えられるものではない。戦前の経済評論家、戦後に政治家という二つの顔があり、早稲田の哲学科で学んだので、哲学・思想論にも長じる。また、その言論活動は明治・大正・昭和の三つの時代、六〇余年にわたり、範囲も文芸社会評論、経済理論・政策、政治・国際関係、思想哲学へと裾野が広い。この膨大な思想遺産に対して、時代感覚を欠いたうわべだけの言論比較、特定の立場で急進と保守、革命と反動、徹底と妥協を決めつける方法、あるいは単純な政策効果の点検、および外交、政治のような一側面だけにとどまる評論では、湛山思想の全貌と価値を解明できない。それればかりでなく、誤解さえ招きやすい。

各時代のさまざまな言論――明治期の文明批評、大正期の小日本主義、帝国主義批判、人中心の生産力発展論、昭和期の積極財政論、戦時下のブロック経済批判、世界経済の主張、戦後復興期のインフレ論、独立後の改憲・再軍備論、世界国家・世界連邦論、引退後の「日中米ソ平和同盟」構想――のなかには、一体どんな思想哲学が流れ、どんな必然な、有機的関係によって結ばれていたか。

こうした多彩な言論、多様な顔をもつ湛山を、伝記を通して、一つの完全な思想像の下で捉えようとするのが本書の目的である。言い換えれば、本書の問題意識は、湛山は何をしたかではなく、なぜそうしたか、にある。このささやかな本を通じて、石橋湛山思想の理解にいささかでも役に立てば、幸いである。
また、本書に掲載したすべての図版について、一般財団法人　石橋湛山記念財団の許可を得た。改めて感謝申し上げる次第である。特に、出典を明記していない写真は、石橋湛山全集編纂委員会編『石橋湛山　写真譜』（東洋経済新報社、一九七三年）からの転載であることを付記しておく。
なお、本書に頻出する文献は、左記のように略記することをお断りしておきたい。
『全集』→『石橋湛山全集』第一～十五巻、東洋経済新報社、一九七〇―七二年。第十六巻追補、二〇一一年。なお、『全集』は現代仮名遣いで刊行されているため、本書でもそのまま引用した。
『新報』→『東洋経済新報』（現在『週刊東洋経済』）、一八九五年―、東洋経済新報社
『回想』→石橋湛山『湛山回想』岩波文庫、一九八五年
『座談』→『石橋湛山座談』（同時代ライブラリー）、岩波書店、一九九四年
『人と思想』→長幸男編『石橋湛山・人と思想』東洋経済新報社、一九七四年
『日記』→石橋湛一・伊藤隆編『石橋湛山日記　昭和二〇―三一年』上・下二巻、み

すず書房、二〇〇一年
『百年史』→東洋経済新報社編『東洋経済新報社百年史』一九九六年
『石橋湛山文書』→国立国会図書館憲政資料室所蔵、「石橋湛山関係文書」（その一）

二〇一三年一〇月二〇日

姜　克　實

目　次

口絵

挿図

第一　思想の形成と初期の言論活動

一　人格形成の要素

1　生い立ち

新居日薩と承教寺

石橋湛山は、一八八四年九月二五日、東京市麻布区芝二本榎町（現、港区二本榎）に、父杉田湛誓《たんせい》（一八五五―一九三〇）と母きん（一八六八―一九三三）の長男として生まれた。父湛誓は日蓮宗一致派の初代管長新居日薩《あらいにっさつ》（一八三一―一八八八）の門下生で、当時、承教寺《じょうきょうじ》境内（現、港区高輪）にある日蓮宗の最高学府「大教院」（のち大檀林、現在の立正大学）で後進指導の助教補を務めていた。母のきんは承教寺の檀家である畳問屋石橋藤左衛門《とうざえもん》の次女であり、藤左衛門は江戸城内の畳表一式を請け負うほどの有力商人であった。新居日薩と承教寺の関係で二人が結ばれたようである。湛山の幼名は省三《せいぞう》といい、「事情があって」母方の姓石橋を名乗ることになった。

父の杉田日布（湛誓）

母の杉田きん

省三は三男三女の六人兄妹の長男で、次男の義朗《よしろう》（一八九三―一九七〇）は兄と同様、甲府中、早稲田を経て東洋経済新報社に入り、支局長、監査役を務めている。三男の湛正《たんしょう》は東洋大学を卒業後、宗門の道を選び、父のもとで働いた後、富士宮一乗寺の住職を務めた。

一八八五年、父湛誓が生まれ故郷の山梨県南巨摩《こま》郡増穂《ますほ》村の青柳昌福寺《しょうふくじ》の住職に転任したため、省三も母について近くの甲府市稲門《いなかど》（現在の伊勢町）に転居した。一八八九年、五歳になった省三は稲門尋常小学校に入学し、第三学年に上がったところで父に引き取られて増穂村尋常小学校に転校した。

父の湛誓は「大教院」の時代から、宗

日蓮宗大檀林のあった承教寺

門の近代化を図る革新派に属し、高い人望と教養を備えていたため、将来の指導者と目された人物であった。一八九四年、静岡県池田の日蓮宗本山本覚寺《ほんがくじ》（日位開山）の住職に転任するが、このとき、名前を杉田日布《にっぷ》に改名した。本覚寺は江戸時代から徳川将軍家の厚い保護をうけ、格式上十万石の大寺院だったが、維新後に寺領が収公され、一八七三年の火災で伽藍の大半も消失し、寺運が振るわなかった。日布はここで三〇年にわたって布教活動と寺運の復興に努め、その献身的努力と成果により、晩年日蓮宗第二四代管長、総本山身《み》延山《のぶさん》久遠寺《くおんじ》の第八一代法主（一九二四

望月日謙師

望 月 日 謙

小学１年生の頃の湛山（中央）と
母きん（左）

—一九三一年）に選ばれた。勤勉、質素・倹約の性格で知られる一方、「徹頭徹尾厳格そのもののごとき風格」があり、昌福寺での三年間、省三に厳しい宗門教育を受けさせた。父は「七十五年の一生を、ほとんど休む暇なく寺門の経営やら、布教運動やらで、働き通した」（『回想』一二頁）。

父は池田本覚寺に赴任するとき、省三少年を宗門の兄弟分で、近くにある長《じょう》遠《おん》寺《じ》の住職望月日謙《もちづきにっけん》（一八六五—一九四三、原名是忠、一八九四年日謙に改名）のもとに預けた。孟子の「古者子を易えて、之れを教ゆ」という格言によるものだ、という（『回想』一四頁）。その後、八年の間、省三は父母とほとんど交流がなく、日謙のもとで育った。日謙ものち立正大学学長、身延山久遠寺の第八三代法主（一九三二―一九四三年）を務めた傑僧で、東京大教院で湛誓の後輩にあたり、ともに宗門内の革新派に属し、明治の新しい日蓮宗を形成する同志的集団の俊逸として結ばれていた。日布の厳しさに対して、日謙の方は包容力があり、「何人にも親しみやすい感を与えた」。

日蓮宗長遠寺

長遠寺は中巨摩郡鏡中条《かがみなかじょう》村にある日蓮宗の名刹で「身延山門末の中では、最も格式の高い寺の一つ」であり、日謙は「異数の出世」で三十前の若さで住職に抜擢された（『回想』二一頁）。ここで省三少年は日謙の弟子たちと起居をともにし、掃除やら、給仕やらの雑事をさせられた。兄弟子には、師匠と同じように、のち日蓮宗総本山久遠寺の第八六代法主を務めた藤井《ふじい》教仁《きょうじん》（日静、一八七九―一九七一）がいた。省三は甲府の中学校に進学した後、しばらく日謙師が経営する山梨普通学校（甲府市稲門、一八九〇年、湛誓が興した日蓮宗の学校）の宿舎に身を寄せたが、師が結婚して甲府に住居を構えると、この新婚の家に転がりこみ、中学卒業まで、日謙とその夫人の世話になった（『回想』二六頁）。

2　人格の形成

日謙の教育法

一八九五年、小学校高等科二年の省三は、日謙師に勧められて山梨県立尋常中学校に入学した。当時では、田舎の教育は都会よりかなり遅れ、鏡中条小学校では、高等科四年の生徒も含めてその年複数の受験者がいたが、進学できたのは年少者の省三だけであった。山梨尋常中学校は、一八八六年「中学校令」を受け翌年に発足した県立中学校で、省三在学中の一八九九年に山梨県中学校、一九〇一年に山梨県第一中学校と改名した（現、甲府一高）。難関を突破して入った省三少年は在学中、決して優秀な生徒ではなかった。「うぬぼれ」からの怠けで一年と四年に二度も落第したほか、「悪童ぶり」を発揮し、月謝を買い食いに使いこんだりすることも、たびたびあった。しかし、これらについて日謙師は咎めようともせず、月謝の督促を受けると、黙って自分で払いこんでいた。この寛容な教育法は、かえってわんぱくな省三を恐縮させ、心から反省させたのであった。中学卒業までの八年間、省三が父と会ったのは、「望月師に伴われて静岡に行き、一晩本覚寺に泊まった折」のみであったが、湛山はのちの回顧でこのような親離れの教育法をむしろありがたく受けとめている。「私は、もし……父の下に育てられたら、あるいは、その余りに厳格なるに耐えず、しくじっていたかも知れぬ。父にも、また、そんな懸念」があったであろう（『回想』二二頁）。

　宗門の環境と日謙の影響のもとで、少年省三はすくすくと成長し、日蓮上人への尊崇と日蓮宗に対する親近感が宗門の環境のなか、養われていった。望月日謙は、湛山の人生第一の恩師というべき人物である。

二年も落第したため、省三の中学校在学期間が七年に延び、このおかげで、彼は人生第二の恩師、札幌農学校の第一期生で直接クラーク博士より薫陶を受けた大島正健《おおしままさたけ》（一八五九―一九三八）校長と出会うことができた。この間、校長は黒川雲登《くろかわうんとう》（一八九三―九八年在任）から、幣原坦《しではらたいら》（一八九八―一九〇〇年在任）、大島正健（一九〇一―〇四年在任）へと三代が替わり、省三が最後の第五学年に上がった一九〇一年三月、大島校長が、幣原坦（幣原喜重郎《きじゅうろう》の実兄・後台北大総長）前校長の後任として赴任してきた。

大島正健校長の感化

大島正健は札幌農学校で新渡戸稲造《にとべいなぞう》、内村鑑三《うちむらかんぞう》（二期生）の先輩にあたり、熱心な教育者で、牧師の経験もある意気盛んなクリスチャンでもあった。晩年、論文『支那古韻考』によって京都大学から文学博士号が授けられた、学者肌の一面も見られる。彼の熱心な説教で、クラーク博士の「青年よ、大志を抱け」（Boys, be ambitious）の訓《おし》えは、山梨県第一中学校生徒たちの心を捉え、その後、校是の一にもなった。

熱血の少年時代

中学在学中、省三は「薄弱な筋肉」を鍛えるため、剣道部に入部して剣術の稽古に励み、この環境から「尚武」の精神が養われた。山梨県立第一中学校『校友会雑誌』に、四年生の省三が「石田三成論」（八号）を書き、三成の「大山前に崩るゝも動せず、白刃上に来すも動かざるの自信」と「一度其《その》事を為《な》さむとするや、経営惨憺《さんたん》必ず遂げずむば已《や》まざらむ」精神を讃え（『全集』一六巻、四頁）、五年生の時書いた「武徳奨励会に臨みて」（一二三号）に、「社会人士の無気力」を叱咤し、「尚武」精神を鼓吹した（『全集』一六巻、一二二頁）。

また、省三は、議会政治の腐敗を批判し、星亨《ほしとおる》の暗殺を「社会的制裁」と拍手し、「議場で拳骨を振り回はして、口ばかり達者な悪る者共の胆を冷やさせるなどは、最も、痛快とする」熱血漢ぶりを見せる（『全集』一六巻、一九頁）。この時に彼が尊崇したのは、中江兆民《なかえちょうみん》の「気骨」と、弘法《ぐほう》のため数々の大難小難を乗り越える日蓮上人の信念の強さであった。

善につけ、悪につけ、法華経をすつるは地獄の業なるべし、大願を立てん、日本国の位をゆづらん。……我れ日本の柱とならん、我れ日本の眼目とならん、我れ日本の大船とならん、等とちかひし願、やぶるべからず。（『全集』一六巻、一五頁）

これは、湛山の生涯に寄り添う人生観の規範であり、日蓮『開目抄』の一節である。のち各時代の多くの文章に引用されているが、はじめに引用したのは、一九〇一年『校友会雑誌』の投稿文「消夏随筆」であり、のち在学中剣道部先輩の荒井金造《あらいきんぞう》（麦亭）にも書して贈った（本書口絵参照）。現存する石橋湛山の最初の書であろう。荒井は、のち中国通の外交官として知られ、大陸浪人との繋がりも深かった。また自らの人脈を使って拓殖大学の卒業生を大陸に送りこみ、大学の「恩人」とも言われる人物である（『荒井金造著作集』)。

香川香南先生

また、剣道のような「武骨」だけではなく、親炙《しんしゃ》する漢学者の香川香南《かがわこうなん》先生の影響で、この時、省三の漢詩・漢文・書に対する興味も養われ、酒の飲み方まで教わった。卒業の際、先生から送られた詩作を、湛山は一生を通して大事に珍蔵していた。戦後、公職追放の身となった湛山は、書画の同好組織「靄々《あいあい》会」を主催し、南画大家の日下部道寿《くさかべどうじゅ》、書家松井如流《まついじょりゅう》を囲んで書画の練習に励んでいたが、その初心は香川先生の漢文教養にあったのだろう。

人格の形成

中学時代の七年間、省三は日謙師と大島校長を通じて、クラークの「開拓者」精神、徹底した民主主義・個人主義の教育理念、および日蓮の堅忍不抜な信念の感化をうけ、教育者と宗教者になろうとする志を固めたのである。

今多くの研究者は、日蓮宗の宗教教義の面から湛山の思想形成を見ようとするが、若き湛山の文章などからうかがえるのは、血気の多い素朴な正義感、義侠心、守法護道の信念、また、体力・意志力の培養など人格形成面の成長であった。

二　王堂哲学との出会い

1　早稲田大学

湛山に改名

省三少年は一九〇二年三月、山梨県立第一中学校を卒業して上京し、その直前に名前を省三から湛山に改めた。「湛」の字は、父湛誓が住職した昌福寺をはじめ、法縁のある地元日蓮宗寺院の弟子の名に使われた一字であるが、中学校在学時すでに「湛山」の筆名を使用したことからみれば、父より授かった宗門の法名であろう。

一高受験の失敗と早稲田入学

湛山は、東京帝国大学を目指して芝区漁籃坂にある母の実家に身を寄せ、不自由のない予備校生活を送った。第一高等学校の受験に備え、彼は毎日のように神田錦町にある斎藤秀三郎《さいとうひでさぶろう》経営の正則《せいそく》英語学校に通ったが、二度も失敗を喫した。その間、甲府に舞い戻り、日謙校長のもと、私立山梨普通学校の代用教員を経験した。平穏・愉快な生活で気が緩み、一時、学業を辞めて教員になる思いもあったが、一九〇三年九月、兄弟子の飯久保義学《いいくぼぎがく》（開成中学校の英語教師）の励ましで早稲田高等予科に入り、翌年、二〇歳のとき大学部文学科（部）中の哲学科に進学した。早稲田の入学試験には、一高の受験に出たような難題はなく、常識的な問題だったので楽に通った。この時、英語試験の担当者は安部《あべ》磯雄《いそお》であった。

東大で医術を修め、「医者と宗教家とをかねようという」雄大な夢を描いていた湛山にとって、早稲田哲学科への進学は、不本意の結果と言わなければならないが、一方、このお陰で彼は、学生の徴兵猶予制度により日露戦争直前の兵役から逃れ、さらに在学中、人生の第三の恩師、思想的に最も大きな影響を受けた田中王堂《たなかおうどう》にめぐり会うことができた。

新設早稲田大学

時の早稲田大学は、「東京専門学校」（大隈重信により一八八二年設立）より、一九〇二年に「大学」に改称し、さらに一九〇四年の専門学校令に準拠する高等教育機関になったばかりで、文科系統の学科を中心に、ほかに商科、高等予科、高等師範部、専門部を擁し、学生数も四千前後の大規模校であった。学問の分野では、官学牙城の帝国大学とは対極に、多くの在野の自由主義的傾向の学者を抱え、「学の独立」の雰囲気が溢れていた。湛山が在学した哲学科では、帝国大学のドイツ観念哲学の主流派に対して、新興のアメリカプラグマティズム（実用主義）も流行していた。

早稲田の恩師たち

大学および研究科に在学した五年間、湛山は坪内逍遙《つぼうちしょうよう》・安部磯雄・金子馬治《かねこうまじ》・波多《はた》野《の》精一《せいいち》・藤井健治郎《ふじいけんじろう》・内ヶ崎作三郎《うちがさきさくさぶろう》らの諸先生に学んだが、就職斡旋や、『早稲田文学』の執筆などで、島村抱月《しまむらほうげつ》との関係が特別に深かった。島村がのちに、恩師の坪内逍遥の文芸協会に反旗を翻し、早稲田を離れ女優松井須磨子《まついすまこ》と芸術座を創設した時、石橋湛山は最初から芸術座立ち上げの相談員、のち芸術座評議員として、一番苦しい時期の島村を支えた。

田中王堂に出会う

一方在学時、湛山が一番学恩を被《こうむ》ったのは、早稲田の諸先生ではなく、この時に東京高等工業学校の教授で、早稲田大学の兼任講師を務めていた田中喜一（号王堂、一八六七―一九三二）であった。「私は、先生によって、初めて人生を見る目を開かれた」、「もし今日の私の物の考え方に、なにがしかの特徴があるとすれば、主としてそれは王堂哲学の賜物《たまもの》であるといって過言ではない」と湛山は述懐する（『回想』七八頁）。

2　田中王堂

日本プラグマティズム

田中王堂は明治・大正期の著名な哲学者・文芸批評家であり、日本プラグマティズムの草分け的な存在であった。留学先のアメリカ・シカゴ大学で直接哲学者ジョン・デューイ（John Dewey, 一八五九―一九五二）に師事し、また、師を通じてプラグマティズム理論の基礎を築いたW・ジェームズ（W. James, 一八四二―一九一〇）の機能心理学を学んだ。一八九七年帰国後、正統のドイツ観念哲学に対して、人生中心の哲学を唱え、また、独特な作用主義的方法論を創出して、倫理教育、芸術批評などの幅広い分野で日本プラグマティズムの下地を固めた。

田中王堂の生涯

しかし、二〇冊近い著書を残して六五歳で世を去った碩学《せきがく》王堂の人生は、決して順風満帆ではなかった。東大進学のため、東京・大阪・京都に転々と四年も浪人生活を続け、夢を果たせなかった。その後、留学を志し、教会の援助資金を利用してやっと渡米の願望を果たし、聖書学校を経て一八九二年、新設されたシカゴ大学に入学した。ここで彼は七歳年長のジョン・デューイに師事し、形成中のプラグマティズムの方法を身につけた。また、在学中、一元論者として名高いケーラス（P. Carus, 一八五二―一九一九）教授に出会い、教授主宰の『モニスト』誌に「老子」の翻訳を手伝うかたわら、一元論の影響も強く受けたのである。このケーラスは、王堂が帰国後、その後任助手にのちの宗教学者鈴木《すずき》大拙《だいせつ》を招き入れ（一八九七年）、大拙の名を世界に鳴らしめる縁をつくった人物としても知られる。シカゴ大学での五年間、王堂の最大の収穫は、シカゴ機能心理学派の作用主義的心理分析方法とケーラス教授の一元論の習得であり、これはやがて彼の独特な「作用的一元論」を支える二つの重要な柱となった。

文芸批評家

八年の留学生活を終えた田中王堂は、まもなく帝大の哲学会、心理学会、丁酉《ていゆう》倫理会などアカデミーの場で活躍するようになるが、ドイツ観念哲学の壁に阻まれ、東京高等工業学校の英語教授の地位に甘んぜざるをえなかった。湛山との出会いも、倫理学の兼任講師として早稲田に出講した時である。王堂に人生の転機が訪れたのは、日露戦争後であり、処女作のタイトル『書斎より街頭に』（広文堂、一九一一年）のように、哲学の理論を携え文芸批評分野への進出は、そのきっかけであった。やがて彼の哲理整然の理論と、自由不羈《ふき》の個人主義的立場が世間に認められ、『中央公論』『太陽』『明星』などの有力雑誌の巻頭論文を執筆する、花形の文明批評家として生まれ変わり、文壇、そして哲学界に確固たる地位を築き上げたのである。

不遇な人生

私生活の面では、五二歳で渋沢栄一《しぶさわえいいち》の姪高梨孝子《たかなしたかこ》と結婚。六一歳の時、弟子の関与三《せきよさぶ》郎《ろう》・杉森孝次郎《すぎもりこうじろう》（ともに早大教授）のおかげでやっと早稲田の教授に昇進した。また、おしゃれ好きで、いつも洋装にネクタイ姿、短い路程でも好んで人力車に乗った。不節倹の生活のため生前多額の債務を抱え、死ぬ間際まで、借金取りにつきまとわれた、という（『石橋湛山の思想史的研究』第六章、参照）。

王堂の門下生

湛山が王堂の講義を受けたのは、一九〇五年から一九〇八年までの大学、および研究科在学の計四年間で、当時の王堂は東京高等工業学校から早稲田に出講し、「倫理学」と「西洋倫理学史」の講義を受け持っていた。王堂は一八九八年三月から早稲田の兼任講師に就任し、独身で下宿生活だったため、他の大先生と違い、学生との関係は近かっ

早稲田大学時代の湛山（1906年）

田中王堂

た。湛山の先輩文学者近松《ちかまつ》秋江《しゅうこう》の回顧によると、この時、近松と正宗《まさむね》白鳥《はくちょう》らは「ほとんど隔日くらい」に先生の下宿を訪ね、行くたびに、「アカデミックな学者から聞くことの出来ない、カルチュアの広い」話を聞かされた（「五二歳の花婿田中王堂氏を論ずる書」『新潮』一九一九年一〇月号）。

湛山は、大学の三年間とその後の特待研究生として一年在学した間、田中王堂から倫理学、西洋倫理学史、認識論の講義を聞いたうえ、セミナーの指導も受けていた。この間、湛山とともに田中王堂の感化を受けた学生には、一年上の関与三郎・白松（杉森）孝次郎・生方《うぶかた》敏郎《としろう》・会津八一《あいづやいち》、同年（一九〇七）卒の中村将為《なかむらまさため》

（星湖）・大杉潤作《おおすぎじゅんさく》・一年下の北昤吉《きたれいきち》（北一輝《いっき》の実弟）などがいた。このなかで特筆に値するのは、王堂と関与三郎・杉森孝次郎・石橋湛山・大杉潤作四人の間に結ばれた深い友情である。四人の弟子は、卒業後もずっと王堂先生と親密な関係を保ち、学問・思想面の交流ばかりではなく、債務に悩まされた師の生計にまで心を配ったりした。

王堂全集の企画

王堂は一九三二年、貧困のうちに六五歳で世を去ったが、その時、弟子たちは師のために「無宗教」の哲学葬（講演会）を行ない、また、債務整理のほか、師の墓碑建立、『王堂選集』の出版にもひとかたならぬ努力を重ねた。「王堂全集」の企画は、王堂が順天堂病院に入院中の一九三二年、石橋湛山と杉森孝次郎が平凡社の下中弥三郎《しもなかやさぶろう》を口説いて立てたものであるが、「まだ死ぬつもりはない」、「出すなら良い物を出したい」と当の本人に断られた。王堂が亡くなった後、湛山は多忙中、未整理原稿や、講義ノートを集めていつか整理、出版しようと準備していたが、戦時中芝の家が空襲にあい、すべて焼失してしまった。その後、関書院から出ている四冊本の『王堂選集』は、戦後一九四八年の企画で、これも弟子たちの努力の結果であった。ちなみに関書院の主人は、王堂の弟子関与三郎の実の弟関為之祐《ためのすけ》であった。

王堂哲学の内容

石橋湛山の思想形成に深い影響を与えた「王堂哲学」の内容はいったい何か。その特徴を要領よくまとめると、

一、人生中心のプラグマティズムの哲学（価値観）、
二、一元的、作用主義的方法論、
の二点に尽きる。王堂は哲学の価値基準を人間の社会生活に置き、いかに哲学を書斎の理論から解放し、人間の生活に役立たせるかが、彼の目指した学問の目標であった。また、一切の事物現象を発展的、作用的に捉え、一事物の二側面の対立、作用の関係を重視し、有機的、一元的に捉えるのが、王堂の方法論的特徴であった。「発展的」「作用的」「有機的」方法とは、デューイをはじめとするシカゴ心理学派に共通した理論的特徴であるが、「一元」論との結合は、ケーラス教授に影響された、王堂の独創であった。王堂自身はこの方法を「活動的一元論」と名付け、弟子たちは、これを「作用的一元論」と称した。

「欲望の統整」と小国主義

社会の実践面において、王堂は社会生活の円滑運営という価値基準のもとで、「社会」と「個人」の関係をバランスよく捉え、明治末年の国家主義と個人主義のせめぎ合う日本社会の現状と向き合い、時代の要求と乖離した国家主義、教育勅語流の「国民道徳論」を排撃する一方、さまざまな社会問題、階級差別を醸し出す「自由放任主義」も批判し、「欲望の統整」という倫理意識の樹立を唱えた。

明治末年のプラグマティズムが日本の哲学界・思想界に与えた影響は、必ずしも大き

いとは言えないが、のちにこの流れから自由放任の克服を目指す「新自由主義」の一派が生まれ、帝国主義を批判し、国家的欲望の統制を唱える「小国主義」（小日本主義）思想に結実した事実は、日本近代思想史の一ページとして、銘記しなければならない。

首席で卒業

石橋湛山は一九〇七年七月、早稲田大学文学科（部）の哲学科を首席で卒業した。当時の文学科（部）には、哲学と英文の二科しかなく、英文科の首席は同じ甲府第一中学校出身の中村将為《なかむらまさため》（星湖、一八八四―一九七四）であった。中村は生涯、湛山と親交を結んでいた作家であり、在学中、すでに『早稲田文学』の懸賞小説で一等賞に輝き、嘱望されていた。たまたま石橋の成績は点数の上で中村を上回ったため、文学科（部）の首席となり、定員一人しかない「特待研究生」（今の大学院に当たる）に推され、一年間、大学の奨学金（月二〇円給付）でさらに研究を深めることになった（『回想』八六頁）。

三　若き時代の文明批評

1　宗教論改造論

大日本文明協会と『世界の宗教』

一九〇八年七月、湛山は「特待研究生」の一年を終えて早稲田を出たが、すぐには仕事が見つからず、しばらく大日本文明協会から委託された『世界の宗教』の編纂に精を出した。

「大日本文明協会」は「国書刊行会」とともに、一九〇八年、下野後《げや》の早稲田大学総長大隈重信《おおくましげのぶ》が作った出版機関で、自らの「東西文明調和論」を普及させるための組織であった。日本は東洋において西洋文明の普及者、西洋に対して東洋文明の代表者であり、同時に東西両洋の文明を調和・醇化する使命を果たすべきだと、大隈は主張した。この使命を果たすべく「国書刊行会」は日本の名著・文化を紹介し、対して「大日本文明協会」は欧米文明を広く紹介する役目を担っていた。西洋文明の良き理解者で、早稲田大学教授の浮田和民《うきたかずたみ》博士が実際の責任者となり、世界の名著を選定しては翻訳・出版を依頼していた。この組織は、その後三〇年間にわたって三〇〇巻を超える『大日本文明協会叢書』を刊行するが、『世界の宗教』はその最初の企画中の一冊であった。『湛山回想』によると、最初に浮田博士から依頼されたのはW・ジェームズの名著、「宗教的経験の諸相（*The Varieties of Religious Experience*）」の翻訳だったが、湛山自らの立案で『世界の宗教』という編纂書の企画に変更させた。世界のあらゆる宗教を一括して紹介・解釈するという野心的構想である。

湛山は、編集の責任者として仕事を引き受けたものの、まもなく東京毎日新聞社に就職口を見つけた事情もあり、実際に書いたのは『世界の宗教』の「緒論」部分だけで、他の部分を先輩の小山東助《おやまとうすけ》（鼎浦）に預けた。小山は気仙沼出身の帝大出の英才で、この時、早稲田の講師を務めていた。湛山は「緒論」で、宗教の起源を「経験統一の欲求」に求め、また、宗教が「文明の進歩」とともに進化する特徴をも指摘した。宗教の役割について、湛山は哲学・科学・道徳などの諸要素に対して「人生自然に互る全経験を絶対的に統一する」特別な要素として優越させた（『全集』一巻、五五五頁）。

この初期の宗教理解には、師田中王堂の作用主義の方法を逸脱して、宗教を絶対化した傾向が指摘されるが、「意識の底に、常に宗教家的、教育者的志望」がひそんでいる湛山のこの時点における如実な宗教理解と言える。

2 『東洋時論』

東京毎日新聞社に入社

『世界の宗教』の編纂責任を引き受けてからまもなく、湛山は島村抱月の紹介で小杉《こすぎ》天外《てんがい》が企画した『無名通信』に記者として採用されたが、同誌の発刊延期のため、一九〇八年末、再び島村の世話で東京毎日新聞社に入社した。

新米の記者生活

『東京毎日新聞』は、『横浜毎日新聞』の後身で、島田三郎が経営する『毎日新聞』を一九〇六年七月、大隈重信が譲り受け、改題した新聞紙だった（今の毎日新聞とは違う系統）。

のちに早稲田の総長になった田中穂積《たなかほづみ》（一八七六—一九四四）が主筆を務め、早稲田の俊秀が編集陣を固めた。大隈系（旧改進党）の新聞紙には、ほかに『報知新聞』（郵便報知新聞の後身）もあるが、大衆的「床屋新聞」であり、品が高くなかった。このイメージを一掃して『東京毎日新聞』をロンドン『タイムズ』のような上品な政論新聞に育て上げるのが、大隈の抱負だったようである。

東京毎日新聞の内紛

入社した湛山は、はじめに三面（社会）を担当し、のち二面（政治、学芸）に移り、文壇の批評を執筆した。おりから『早稲田文学』の編集者でもある島村抱月の好意に預かり、一九〇九年四月から『早稲田文学』「教学評論」欄を隔月執筆する機会に恵まれ、順調に文筆生活の第一歩を滑り出した。が、まもなく大隈系の憲政本党の内部分裂の連鎖で、新聞社内で犬養《いぬかい》（毅《つよし》）派と田中派の対立が起こり、八月になると新米の湛山も早稲田派の一員として主筆の田中穂積と一緒に退社せざるをえない羽目になった。「文部大臣になるには、新聞社にいなければならないよ」と親切な先輩に慰留されてはいたが、年末の入営はすでに決まり、湛山はこれ以上社に居座る気はなくなった（『回想』一〇八頁）。その後、彼は『無名通信』や『読売新聞』『文章世界』などに雑文を書いて生計を繋ぎ、先に述べた『世界の宗教』の「緒論」もこの間に完成させたのである。

〝殉職〟に報いる

湛山はこの年の年末から一年間の兵役に入り、除隊と同時に、一九一一年一月、牛込天神町にある東洋経済新報社に入社した。紹介者は田中穂積で、あたかも一年前の〝殉職〟の義侠に報いたようなかたちであった。田中は東洋経済新報社の第三代主幹植松考《うえまつこう》昭《しょう》と東京専門学校の同窓で、ちょうどこの頃、新報社では『東洋時論』の担当記者を探していた。湛山が紹介状を持って三浦銕太郎《てつたろう》を訪ねていくと、その場で採用が決まった。

東洋経済新報社

『東洋経済新報』は、一八九五年一一月、のち民政党総裁になった町田忠治《まちだちゅうじ》（一八六三—一九四六）が三一歳の時に創刊した旬刊経済誌で、日清戦後経営における財政経済上の諸問題を討究する目的で企画され、「発刊の趣旨」に「将《ま》さに西洋諸国に奪はれんとする東洋貿易を我手裡」に収めようと意気ごんでいた。決して反西洋的立場ではなく、先輩雑誌で田口卯吉《たぐちうきち》の『東京経済雑誌』（一八七九—一九二三年）と同様、東洋におけるイギリスの『エコノミスト』誌を目指して誌名を決めた経緯があり、同じくイギリスの自由主義を根本理念として保護貿易主義に反対し、政党政治を主張した。発刊当時の販売部数は一五〇〇部程度で、のち三〇〇〇〜五〇〇〇部の線で推移し、読者層は財界・経済団体と関心のある知識層であった（『百年史』一六頁、参照）。

天野為之主幹

町田が一年後、日銀入りした後、同誌は東京専門学校の教授天野為之《あまのためゆき》に譲られ、以降ずっと早稲田の人脈で固められつづけてきた。唐津藩医の家に生まれた天野は著名な経済学者で、東大の理財科を出たあと大隈重信の改進党に加わり、東京専門学校創立当時の維持員で、高田早苗《たかたさなえ》・坪内逍遥と「三尊」と称せられる早稲田の重鎮であった。一九一五年、先代学長高田早苗の後を受け早稲田大学の学長になるが、翌年の騒動で高田派に敗れて大学を去り、再び早稲田に戻ることはなかった。

片山潜入社と『新報』の急進化

天野時代の日露戦争時、『新報』は政治面では「主戦論」の立場で戦争に協力したが、第三代目主幹植松考昭（一九〇七―一二年在任）の就任をきっかけに、自由主義の色彩が急に強められた。対内的には、軍備拡張と元老政治に反対して普通選挙を唱え、対外的には日本帝国主義の膨張政策を批判し、時の言論界できわめて異色な立場で知られていた。この変化は、著名な社会主義活動家片山潜《かたやません》の入社と関わりがあったと、松尾尊兊が指摘している（『大正期の急進的自由主義』六七頁）。

片山潜（一八五九―一九三三）は岡山県久米南町出身の社会運動家で、渡米一二年、皿洗いなど苦学して学位を取得し、一八九六年帰国した。在米中キリスト教に入信、帰国後キリスト社会運動の立場でセツルメント運動、労働組合運動の啓蒙、社会主義政党の組織に活動し、日本社会主義の父とも言われた。議会政治派の立場で幸徳秋水《こうとくしゅうすい》ら直接行動派と対立したため、大逆事件後の迫害から逃れたが、東洋経済新報入社三年後の一九一二年、東京市電のストライキ指導の罪で投獄され、一九一四年亡命後、二度と日本に戻ることはなかった。モスクワで客死、赤の広場に埋葬された唯一の日本人だった。

植松考昭主幹

早稲田出の健筆家植松考昭は、労働組合期成会の機関誌『労働世界』の記者時代から編集者の片山潜と親交をむすび、一九〇九年、社会主義者・無政府主義者弾圧の嵐のなか、警視庁の「要監視人」だった片山を幹部記者の待遇で新報社に迎えいれた。「社会問題」担当という「閑職」に据えながら、最高給クラスの月給五〇円を支払っていた（ちなみに石橋の初任給は一八円）。片山潜の入社は、『新報』の対外認識の方向変換に大きな「影響」を及ぼしたばかりでなく、片山自身の関心により、経済誌たる『新報』の視野を文芸・思想・社会問題の面にも向けさせはじめた。

『東洋時論』の創刊と石橋の入社

片山の働きかけであろう、この間、植松・三浦・片山の間で新企画の話が持ち上がり、一九一〇年五月、社会・文芸・思想評論を中心とする月刊誌『東洋時論』が発刊する運びとなり、石橋湛山はこの新雑誌の記者として採用されたのである。片山潜は社会運動家として名高いが、社内では「その人物は温厚、その思想はすこぶる穏健着実で、少しも危険視すべき点はなかった」と湛山は回顧している。片山は、日本を去った後も湛山と文通を続け、湛山も日本に残された片山夫人の面倒をみていた（『回想』一六四頁）。

以上の経緯で、湛山は卒業してから約三年の間、主として文芸思潮・社会評論の記者として活躍する機会を得たのである。また一生実名で通した湛山は『東洋時論』の時代だけ、署名論稿に「迂侠」・「祷久」の筆名を使ったことがあった。

自然主義文芸の批評

3 文芸批評

この間、文壇の最大のできごとは、日露戦後の個人主義思想の高揚とともに現れた「自然主義」文芸思潮の勃興であった。一九〇六年一月復刊の『早稲田文学』（第二次）は『文章世界』『太陽』とともにその思潮の温床となり、島村抱月・長谷川《はせがわ》天渓《てんけい》・岩野《いわの》泡鳴《ほうめい》をはじめ、田中王堂・正宗白鳥・近松秋江らもここで創作、論争を繰り広げた。すでに文芸批評の第一歩を踏み出した若き石橋湛山も、この時に先輩の論客に混じって『東洋時論』を拠点に盛んな発言を続けた。

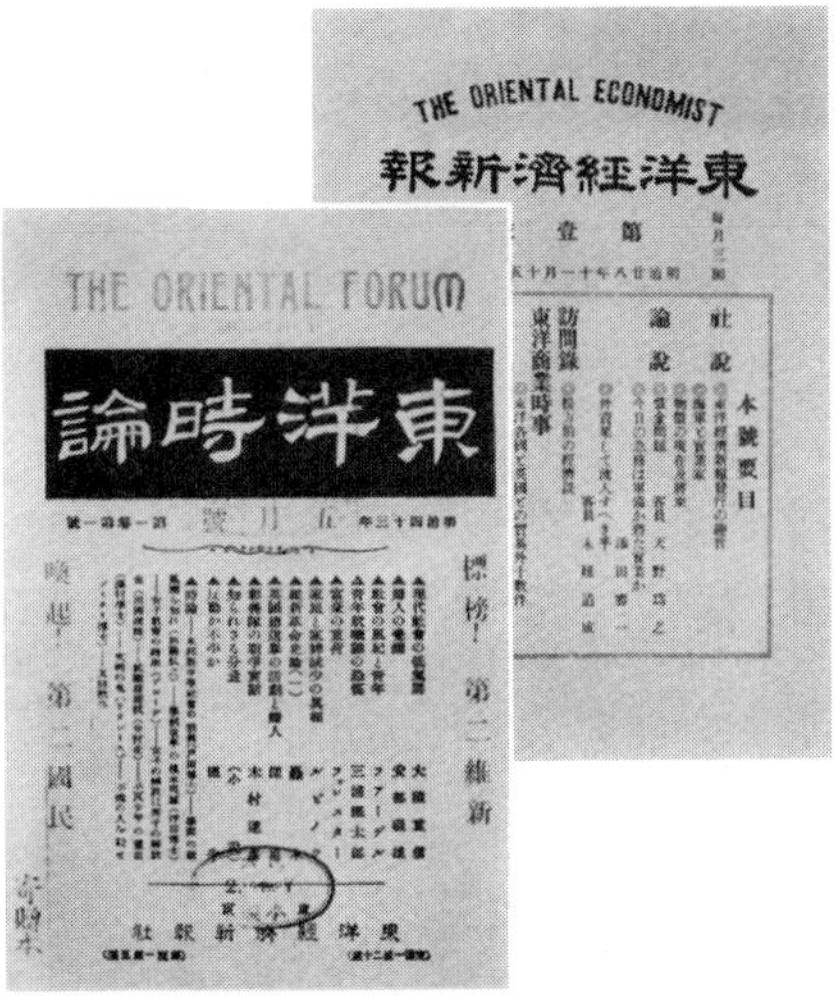

『東洋経済新報』と『東洋時論』
（『石橋湛山全集』第２巻より転載）

自然主義論において、湛山は自然主義の自我発見、人生暴露の役割以上にその「現実改造」の役割を期待し、師の王堂と同じように、自然主義の欠陥は、「破壊の段階」にとどまり新理想の建設に進まなかったことを指摘した。

文芸批評のほか、湛山は片山潜の影響を受け、社会問題にも目を配った。入社後の一年目（一九一一年）は、彼は新米のうえ、見習士官として三ヵ月再入営の義務があったため、「纂訳」「社会統計」「食堂会議」などの雑報・コラムを担当し、また文章が「つたなかった」片山潜の文章添削など、脇役に甘んじていた。一九一二年一月から、『東洋時論』の社論・社会・文芸教学・評論などの重要な紙面を執筆する機会に恵まれるようになり、社会問題の評論を多く書いた。執筆リストを見ると、その関心は、主として「防貧」論と「職業婦人」論にあることがわかる。

日清戦後の日本資本主義の発展に伴って、大都市を中心に労働者の失業・貧困現象が深刻化し、生産と社会治安に悪影響を及ぼしはじめた。一九〇〇年前後から政府による政策的介入が始まり、工場法、労働者疾病保険など社会政策の摸索とともに、従来の慈善事業を統廃合するため、一九〇八年、内務省主導の半官半民の中央慈善協会（渋沢栄一会長）も発足された。時の報徳会運動、戊申《ぼしん》詔書、地方改良運動など天皇制国家への国民統合の動きと相まって、政府による貧困問題の対策も講じられ、かたわら一九一一年の「施薬救療ノ詔」の下で、恩賜財団済生会《さいせいかい》が発足し、皇室が先頭になってさまざまな救済・慈善事業が興された。『東洋時論』の論調は、この頃、流行する慈善論より一歩先に進んで、社会政策論の立場で貧困の根治、いわば「防貧」政策論に熱を入れていた。

ウェッブの社会改良論の影響

湛山は防貧論において、産業制度の「根本的改整」を唱え、具体的方法として細民長屋・職業紹介所・労働者寄宿舎の市営、また、市営労働局と市営労働場の設置を提言した（『全集』一巻、一六五—一六六頁）。これらの市営施設論は、「東洋経済会」（一九〇六年、旧早稲田経済会を母体に設立された、『新報』に近い組織）で親しく交わった先輩であり、この時東京市助役を務めた田川大吉郎《たがわだいきちろう》（一八六九—一九四七）の影響と思われるが、防貧対策の全体に至っては、イギリスのフェビアン協会の社会改良主義者ウェッブ夫妻の「防貧論」に負うところが大きかった。

『貧窮の予防』

ウェッブ夫妻（Sidney James Webb, 一八五九—一九四七、Beatrice Webb, 一八五八—一九四三）は一九〇九年、防貧委員会を結成して全英の範囲に運動を繰り広げていったが、この動きに注目して『新報』は、一九一一年四月頃からウェッブ夫妻の防貧論を紹介しはじめた。その三ヵ月後、世界周遊の旅についたウェッブ夫妻は日本に立ち寄り、二ヵ月ほど各地で調査したあと、早稲田・慶応の講壇に立ち「最低賃金説」と題する講演を行ない、社会政策による貧民発生の予防を訴えた。夫妻が日本を離れた際、『東洋時論』が紙面を割いてその防貧論の内容を紹介し、翌一九一二年三月号に、さらに夫妻より寄贈された『貧窮の予防』（*The Prevention of Destitution*, 1911）の抄訳（片山潜訳）を載せた。

植原悦二郎

続く七月から湛山は、ウェッブの直弟子にあたる明治大学教授植原悦二郎《うえはらえつじろう》（一八七七―一九六二）の委嘱により、ウェッブの「最近社会運動史」（ケンブリッジ近代史中の一章）を訳して、『東洋時論』のち『新報』に前後一二回にわたって紹介した。

市営施設論を主張した田川大吉郎も、ウェッブの学説を紹介した植原悦二郎も、ともに早稲田の縁で結ばれた湛山の親しい先輩で、のちに田中王堂を中心に結成された「自由思想講演会」（一九一四―一九二三年）の構成メンバーでもあった。

職業婦人論

『東洋時論』に職業婦人の問題を最初に取り上げたのは、同誌の責任編集者で、のち帝国主義批判で名を鳴らした三浦銕太郎（一八七四―一九七二）である。三浦は静岡県志太郡の出身、旧姓山下、一八九七年に三浦貞《みうらさだ》と結婚した後、改姓した。妻の貞は福島県二本松の出身、地元で教師を務めた後に上京し、この時には仏英和女学校（現、白百合女学園）の教師を務め、給料は夫より多かった、という。この経緯もあろう、職業婦人の社会進出を時代の趨勢と見越した三浦は、経済記者特有の眼でこの問題を取り上げ、社会の関心を喚起しようとした。

抽象的権利否定

編集責任者の三浦に続いて、湛山も一九一一年五月から職業婦人論を取り上げはじめ、プラグマティズムの立場で「抽象的権利」を排し、経済的自立を目指す、実質の婦人解放論を展開した。

新しい女のあり方

時あたかも、平塚らいてう（雷鳥）をはじめとする『青鞜《せいとう》』（一九一一年九月発刊）同人の主張と行動をめぐる、「新しい女」の論争が白熱化しているさなかであり、湛山も職業婦人論を携え、論争に参入した。彼は婦人解放、自我確立の立場で青鞜同人の言論と活動に同情を寄せる一方、女性の解放、男女の平等という抽象的な「権利主張」にこだわり、経済的地位の獲得に無関心だった青鞜同人の弱点を鋭くついた。湛山はまた、先輩の三浦銕太郎と同じように、口先だけの職業婦人論者ではなかった。

4 結婚

結婚と家庭

一九一二年の一一月、湛山は三浦銕太郎の媒酌で、貞夫人の福島時代の教え子で、東小松川（江戸川区）松江尋常高等小学校の教師岩井うめ（一八八八―一九七一）を妻として迎え、自らの行動をもって職業婦人を軽視する世間の通念と闘った。

うめ夫人と長男湛一（右）・長女歌子（左）（1917年頃）

うめ（のち梅子と自称）は、生涯を湛山と共にした良い伴侶であり、湛山との間に三人の子供をもうけた。長男の湛一《たんいち》（一九一四―

二〇〇三）は三菱銀行の銀行マンであり、戦後、銀行勤めのかたわら、資金の工面などを通じて湛山の政治活動を陰で支え、また晩年の父を看病し、その没後は、石橋湛山記念財団の設立と運営に尽力し、長く理事長を務めた。次男の和彦は一九一八年生まれ、早稲田を出た後、海軍の主計中尉に任官し、一九四四年、出征先の南太平洋のクェゼリン島で惜しくも戦死した。長女の歌子は、日本女子大学を出てから一九四〇年、外交官の千葉《ちば》皓《ひろし》（ブラジル大使など歴任）と結婚し、二女をもうけ、鎌倉に在住した。

明治神宮不要論

『東洋時論』に掲載された湛山の天皇観も注目すべきである。明治天皇が死去した際、湛山は「思慮なき国民」、「愚なるかな神宮建設の議」などの文章を書き、国民の「熱禱《ねっとう》慟哭《どうこく》」を「自己を失」う「錯乱顚倒《さくらんてんとう》」と批判し（『全集』一巻、一一一頁）、明治神宮の建設計画への付和雷同も、「御祭り騒ぎ的なる挙国一致」と論難した。また、明治神宮の造営に反対し、「一木造石造の神社」より、歴史に名を残す「明治賞金」を設けることを主張した（『全集』一巻、二三三頁）。

四　有益な軍隊体験

麻布第三連隊入営

石橋湛山は、東洋経済新報社入社までの、一九〇九年一二月から一年間、東京麻布にある第一師団歩兵第三連隊に入営した。学歴優遇の「一年志願」（のちの幹部候補）兵のかたちで入営し、数え歳二五の時であった。この連隊は、西南戦争、日清・日露戦争に参加した精鋭部隊で、のち首相となった田中義一《たなかぎいち》大佐も、湛山入営の一年前まで、連隊長を務めた。当時の田中は、「大隈伯を連隊に招待して演説をさせる」ほど、融通の利《き》く軍人だったようである。

要監視兵

軍隊生活は、湛山の思想形成に有益な収穫を与えた時期であった。大逆事件弾圧の緊迫した雰囲気のなか、早稲田の出身で新聞記者の経歴もあったせいか、はじめは「社会主義者」と間違えられ、要監視兵の扱いを受けていた。まもなく誤解が解かれ、上官や班長との関係がよくなり、中隊の将校たちと、「一緒に飲み歩くほど親しくした」。また、湛山自身も軍隊の「哲学」に感心して、その「合理性」を高く評価するようになっていた。入営の数ヵ月後、伍長に昇進し、「思いの外《ほか》に愉快な一年を経過して」、軍曹となって除隊した。

一般的には、一年志願兵がもし少尉に任官するつもりがなければ、現役は一年ですむが、軍隊の哲学を「見直した」湛山は、自らの意思で一年後の一九一一年、見習士官として三ヵ月の召集をうけて再入営し、最終試験を「好成績」でパスし、一九一三年には歩兵少尉に任ぜられた（『回想』一三三頁）。その後、予備役に編入され、最後の軍隊経歴となったのは、一九一六年夏半月間の機動演習の召集であった。「石橋湛山年譜」によると、この最後の召集の前にも、彼は多忙のなか、改めて『歩兵操典』を復習しており、軍隊生活に対する真面目な一面がうかがえる。

軍隊合理主義論

湛山は、訓練などを通じて戦争の道具としての軍隊の機能に違和感を覚え、また、実弾演習のなか、戦争への恐怖も実感したが、同時に軍隊を通じて社会生活・団体生活への順応の重要性も感得した。団体とは個人の集合である。個人の実現は団体生活を通さないと実現できない。されば、いかなる権利――人権も自由――も、社会全体の協同生活の目的に服従しなければならない、と。

軍隊は、湛山にとって「一種の社会の縮図」、また「一種の教育機関」（『回想』一三三頁）であり、軍隊生活を通じて、湛山は団体生活の必要性と合理性を見出し、自己の欲望を「統整」してそれに順応しようとした。

「欲望の統整」の思想

湛山は軍隊での体験を大事にし、除隊してからも「軍の哲学」に関する感想を「某軍事雑誌」に寄稿し、また、軍隊での経験談を記して入営する新兵およびその父兄を励ました（「新兵の入営と軍隊生活」『全集』一巻）。一九一五年四月の『早稲田文学』に載せた「軍隊と個性の尊重」（『全集』一六巻）も、同じような感想であった。

以上見てきたように、湛山の初期の言論活動から、

一、「欲望の統整」、自由放任の規制など現実改造、社会改良の思想、
二、抽象的「権利論」を避け、社会生活の機能を重視するプラグマティズム、
という二つの特徴がうかがえるが、ともに王堂哲学の賜物というべきものであろう。

第二　小国主義ビジョンの確立

一　普通選挙と代議政治論

1　普通選挙論の形成

植松主幹の急逝

一九〇九年九月に発刊した『東洋時論』は、売れ行きの不振と主幹植松考昭《うえまつこうしょう》の急逝（一九一二年八月）で、一九一二年一〇月には廃刊に追いこまれた。当時の東洋経済新報社は、社員十数名という小規模で、『新報』の編集・販売だけに精一杯だったようで、二つの雑誌を同時に出せたのは、植松主幹の熱意と「絶倫の精力に負う」ものといわれた。植松は昔結核にかかった病歴があり、日露戦争時に従軍できるほど回復していたが、再発してわずか三六歳で世を去った。石橋湛山が入社した時には、いたって健康に見え「三浦氏の方がかえって腸が悪く、病弱であった」（『回想』一七一頁）と湛山は回顧する。

『東洋時論』廃刊

大黒柱植松の急死と、採算ラインの三〇〇〇部以下に割りこんだ『東洋時論』の売れ行きは、この時ともに会社経営の重荷になった。この難局を乗り越えるため、後継者の三浦鉄太郎《みうらてつたろう》主幹は、思い切って『東洋時論』を廃止し、『新報』一誌の刊行に力を絞った。そのため、湛山は『新報』の記者に移り、同誌政治評論の誌面を受け持つようになり、おりからの第一次護憲運動（大正政変）の高波に乗って、普通選挙論を掲げて政論界にも頭角を現すようになる。

大正政変

日露戦争以後の政治は、「桂園時代」の言葉に象徴されるように、政党（西園寺公望《さいおんじきんもち》、政友会）と閥族・官僚（桂太郎《かつらたろう》）間の政治的妥協や膠着を特徴としていた。第二次西園寺内閣（一九一一年八月—一二年一二月）の後期にいたると、政友会の行・財政整理と軍・藩閥側の陸軍二個師団の増設要求の対立が白熱化し、内閣が軍の要求を突っぱねると、上原勇作《うえはらゆうさく》陸相が単独で辞表を提出した。黒幕にいる閥族大御所の山県有朋《やまがたありとも》が後任の推薦を拒否したため、西園寺内閣は総辞職に追いこまれた。こうした軍・藩閥の横暴ぶりは民衆の不満を呼び、内閣総辞職後、増師反対の世論が元老、軍・藩閥の攻撃へと転換していく。一九一二年一二月二一日、前首相の桂太郎が大正天皇の詔勅を引き出して組閣（第三次桂内閣）するや、民衆・野党・実業団体の有志が「憲政擁護、閥族打破」のスローガンのもとで結集して立ち上がった。藩閥政治に不満だった多くの民衆が国会を取り巻き、院内の反対勢力と呼応して一九一三年二月二〇日、成立後わずか五三日の桂内閣を倒した

（「大正政変」）。

2　普通選挙の論拠

普通選挙の論陣を張る

政変のさなか、湛山は『新報』に一連の社説を執筆し、ひときわ異彩を放つ「普通選挙論」を掲げた。当時の民衆運動のなかでは、「憲政擁護、閥族打破」がスローガンであり、普通選挙どころか、選挙拡張論すら主張するものはなかった。かの「憲政の神様」と称される尾崎行雄《おざきゆきお》東京市長も、記者石橋湛山の質問に、国民の素質の差を理由に、堂々と普通選挙反対の意見を述べ、「最も有力な支持者が得られるものと予期して出かけた私は、全く二の句がつげなかった」、という（『回想』一七七頁）。

植松の普通選挙論

一方、普通選挙論は石橋の独創ではなく、『新報』の持説であった。はじめて『新報』に現れたのは、一九〇七年に植松考昭が執筆した「政界腐敗の病源」「議院改革」の論説であり、議会政治浄化の方法として主張された。その後、一九一一年、議会内の普通選挙案提出の動きをキャッチして、『新報』二月一五日号に「普通選挙案の消息如何」の社説（植松執筆）を載せ、普通選挙案の上程を希望した。三月、普選同盟会の普通選挙法案が松本君平《まつもとくんぺい》らによって衆議院に提出され、油断している間に通過した珍事件が起こった。結局、貴族院で否決されたが、衆議院でこの案に挙手した代議士たちの誰もが、冷やかし半分の気持ちで、この案が通過するとは思わなかったようだった。一方、『東洋時論』はこの時に真剣に、普選案の通過を「我帝国議会の歴史の上に一新紀元を開きたる出来事」と称し（「普通選挙法案衆議院を通過す」一九一一年四月号）、これを契機に衆議院対貴族院の「決戦」を行ない、普選の実施を期待した。ここで、普通選挙の理由に「政法の道理」「実際上の利害」と「社会上の効能」の三点を挙げた（『時論』一九一一年五月号）。

湛山の普通選挙の論拠

大正政変の際、湛山は『新報』の普通選挙論の持説を受け継ぎ、この民衆主体の運動は、結局政党人に利用され政権交代の道具に矮小化してしまうのではないかと指摘し、民衆利益の角度から普通選挙論を主張した。ここで彼が挙げた論拠は、

一、「善政」と「実益」政治の保障、二、革命の安全弁、三、政治教育の実践、四、政党政治の浄化、

という四つである。湛山の論は、この時期多く見られる抽象的な「権利」論と違い、「実益」「善政」という社会生活の機能・結果を重視し、また実験・実践を重視するプラグマティズムの思想的特徴を備えていた。

特異な「国民主権」論

同じような思想的特徴は、石橋湛山の特異な「国民主権」論にも現れる。普通選挙による代議政治体制の樹立を唱えた『新報』にとって、無政府主義的直接民主政治論の克

服が課題の一つであった。一九一四年七月、彼は「代議政治の論理」を著し、ルソー批判を通じて自らの代議政治論を展開するに至る。

主権は市民全体の総意にあるとするルソーの社会契約説に対し、湛山は、国民の間に形式上の申し合わせがなくとも、現在の社会に満足してその制約のもとに生活している限り、それは「社会契約」の成立だ、と説き、「君主専制政治」を含め、「如何なる政治の形式に於いても主権は国民全体にある」、と主張する。

直接民主政治批判

この主張の真意は、決して君主制の是認ではなく、ルソー論にある「統治契約」に対する市民の「社会契約」による反抗、革命行動の回避にあった。湛山は、このように主権の所在をめぐる論争の無意味を指摘し、そのかわり国民の政治的関心を主権の運用の工夫に向かわせようと努力したのである。

欲望取捨選択の機関

湛山はさらに、自らの「欲望統整」の持論をもって、直接民主政治を追撃する。現実の社会で、各人の種々なる欲望は決して「其の儘《まま》悉《ことごと》く実現」できるものではなく、「社会が生存する為には是非其の間に取捨選択を行わねばならぬ」。したがって直接民主政治の考えは「全く人類の生活の事実を諒解せぬから起る誤謬《ごびゅう》」である、と（『全集』一巻、三五一頁）。

こうして湛山は、社会生活を維持するため個人の欲望の「取捨選択」を唱え、また、その意志の「代表」と「依托」機関として、代議政治の理論的根拠を引き出したのであった。

3　新自由主義の政治綱領と自由思想講演会

ホブハウスの新自由主義受容

以上のような、実益、社会生活の機能を重視する湛山の普通選挙論と代議政治論は、ともにこの時期次第に形成されていった彼の「新自由主義」の理論に沿う考えであった。前述した「代議政治の論理」を著した三ヵ月前の一九一四年四月一四日、湛山は「将来の行くべき途を考える。結局政界に出ること、そしてその準備として新哲学の樹立につとめることが最も良道であることに考えが落ち着く」と記している。また、この考えがまとまるまで、「新自由主義」を掲げたイギリスの政治学者ホブハウス（L. T. Hobhouse, 一八六四―一九二九）の『自由主義』（一九一一年出版）を原書で読み終えていた（『全集』一五巻、三四九頁）。湛山は、ホブハウスの新自由主義の主張に共鳴し、自らの政界進出に備えて「新哲学」――自分の政治・経済綱領――を模索していた様子がうかがえる。

自由思想講演会

続く五月三日、湛山は「自由思想講演会」のために趣旨書を起草し、「時代の要求に合した新しき政治、新しき道徳、新しき社会制度」を建設するため、「自由討究の精神を鼓吹する」ことが「今日の急務」であると唱えた（『新報』五月二五日号、四七頁）。

自由思想講演会とは、田中王堂《たなかおうどう》を中心に、三浦銕太郎・石橋湛山・田川大吉郎《たがわだいきちろう》・植原《うえはら》悦二郎《えつじろう》・関与三郎《せきよさぶろう》・平野英一郎《ひらのえいいちろう》・石沢久五郎《いしざわきゅうごろう》・野崎龍七《のざきりゅうしち》ら東洋経済新報社、およびその周辺の自由主義者によって組織した学問と政策研究の組織で、石橋は世話人と会の幹事を務めていた。もともと「雑話会」のかたちで植松考昭主幹時代から新報社を拠点に活動してきたが、この時から一定の主張と政治目的を持つ自由思想講演会へ衣替えしたのである。

政治経済綱領の模索

前述した石橋湛山の政界進出の志望と、新自由主義の政治経済綱領の策定をあわせて考えると、会の誕生は湛山の政界進出の準備と無関係ではなかったように思われる。会は年に数回の公開講演会を企画していたが、一九一七年四月、田川大吉郎の舌禍事件で活動規模を縮小し、一九二三年の関東大震災まで活動を続けた（『全集』一五巻、三四九頁）。

また、注目すべきは、政治理論研究のためであろう、この時期、湛山は仕事の合間、頻繁に早稲田大学の哲学・文学・史学関係の会合に出入りしたことである。一九一五年三月七日、彼は「新自由主義の発達」の一文を著し、『早稲田文学』の講演会で発表した。演題に掲げた「新自由主義」はすなわち、一年来模索しつづけてきた「新哲学」である。

新哲学＝個人主義と社会主義の統合

ここで湛山は、極端な個人主義を排して、「自己を離れて社会の無いと同時に、社会を除いて「我れ」はない」、と両者の有機的関係を説いたうえで、「新自由主義」の概念を「個人主義と社会主義との統合」であると規定した。また、一九世紀後半以来現れた、自由放任主義の克服を唱えるK・マルクス、J・S・ミルなどの理論を取り上げ、この思想は「実に近代に於ける人類の挙げた功績の中、最も偉大なるものであった」と讃える。

さらに、湛山はイギリスの経済学者トインビー（A. Toynbee, 一八五二―一八八三）の『十八世紀イギリス産業革命史』を引用して、近代の自由放任主義がもたらした階級分化・貧富格差の弊害を指摘し、この弊害の克服のため、国家による資本の規制・監督および社会政策の整備・充実を内容とした「公平な分配」の政策・手段の必要を唱えた（『全集』二巻、四七四―四七九頁）。

新自由主義と「欲望統整」

この内容には、ホブハウスの社会改良主義の色彩と田中王堂の「欲望統整」の哲学が混在し、国家の政策発動による外からの統制・規制と、個人の「欲望」に対する内的自律・「統整」の両面から、自由放任主義がもたらした現代社会の諸弊害を取り除こうとする思想であった。

湛山は「新自由主義」の哲学により進むべき方向を見定めたが、のち政界入りを断念したため、この綱領を経済学と経済思想に活かすこととなり、のちの彼の小国主義経済論を支える礎になった。

4　秩序と革命の間で

社会生活の機能を維持するため、秩序の安定が不可欠であり、この秩序重視の立場は、のち大正デモクラシーの高揚期に現れる諸大衆運動の対応にも現れた。一九一七年のロシア革命に刺激され、民本主義を掲げるデモクラシー論によって国内の民衆運動が活発になり、労働組合期成運動の高揚、社会主義運動の再開とともに、勤労階級・無産階級の解放が叫ばれていた。一九一八年夏、米価の安定を求める民衆の蜂起が起こり、富山県の漁港から全国に広がっていった。米騒動はまた、炭坑・造船所の労働者のストライキにも連動し、さらにその後、婦人運動・学生運動・部落解放運動前進の契機にもなった。

階級戦への警戒

湛山は米騒動を、政治不信に陥った民衆による「政治上の還元的運動」であるとその意義を指摘する一方、来たるべき「有産対無産の階級闘争の大烽火」を警戒し（『全集』二巻、七四―七八頁）、階級戦による「由々しき」破壊を避けるため、経済政策の面で米問題の打開を模索した。彼は一連の論説を通じて外国米食用勧奨政策をはじめとして、合理的な価格調節策を主張したが、最後に到達した論は、政府による米「専売」の主張である。この米専売案は、思いがけなく『新報』の読者層から多くの賛成を集め、一九一九年一〇月、松崎伊三郎《まつざきいさぶろう》・白柳秀湖《しらやなぎしゅうこ》・石沢久五郎・鈴木梅四郎《すずきうめしろう》（代議士）を中心に、米穀専売研究会が発足し、会長は鈴木、石橋は副幹事を務めた。その案は、のちに政府の財政経済調査会にも提出された（『回想』二八九頁）。

社会生活機能の重視

湛山が米問題の対策を通じて見せたのは、政府の管理能力の活用と政策的努力によって、革命、階級対立、社会動乱を避け、社会生活の機能を調整・回復しようとする、建設的政治姿勢であった。このような努力は、この時期の『新報』の、労資間の協調を図るためのイギリス工場委員会案（ホイットレー案）の紹介（一九二一年二月）や、また普通選挙運動への対応にも現れる。

普選デモの副指揮者

一九一九年一月、黎明会第一回講演での今井嘉幸《いまいよしゆき》の演説を皮切りに、普通選挙要求の気運が一気に高まった。二月の東大新人会、早大普選促進同盟会などの新興学生団体の普選デモに続いて、三月一日、東京の日比谷公園で普選同盟会が主催した、普選運動史上最大の集会が行なわれた。集会に出席した民衆は約五万、その後の普選デモにも約一万人が行進した。この日、かねて普通選挙論の急先鋒として知られた石橋湛山も、組織者の中村太八郎《なかむらたはちろう》に乞われてデモ行進の副指揮者を務めた。集会とデモは平穏のうちに終わり、当局に干渉の口実を与えなかった。湛山は直後に書いた社説で、三・一デモを

「我政治運動に、将《は》た又一般社会運動に一新紀元を画せるものであった」と高く評価し、具体的な理由に、広範な民衆参加に見る国民的政治意欲の高揚と、デモ行進の秩序的展開の二点を挙げた（『全集』三巻、二七―三〇頁）。

革命の安全弁

普通選挙運動の高揚期に現れた湛山の普選論は、大正政変時のそれに比べると、理論はほとんど変わらなかったが、民衆の直接行動による革命と階級戦の危険に面して、普選に取り組まない政府に対する警告の意味において、「革命の安全弁」論の色彩がいっそう濃くなった傾向が見られる。

一九二〇年初の第四二議会で、選挙の資格をめぐって与党政友会と野党の憲政会・国民党が激しく対立した。湛山は、議会が権力争奪の「喧嘩場」と化した政治のありさまを、「議会機能の破産」ときびしく非難しながらも、普通選挙の実施のため、与野党が「互に前非に気付き、並び立たざる仇敵の感情を抛《なげす》て、互に胸襟を披《ひら》いて、共同討議に力を尽」すことを期待していた（『全集』三巻、四五頁）。

反普選派の大勝

普通選挙運動の行方を左右する一九二〇年五月の第一四回総選挙の前、湛山は「民心に希望を与えよ」との社説を送り出し、普選は「単なる権利の問題ではない、国家の安全の問題」であり、階級戦の烽火を避けるため普選派に投票せよ、と三〇〇万の有権者に訴えた（『全集』三巻、五六頁）。

五月一〇日の総選挙は、制限選挙と小選挙区など不利な条件下で行なわれ、その結果、反普選派の原政友会が大勝した。この敗北を境に、一九一九年から盛り上がってきた普通選挙運動は急に下火に転じ、また、高まる革命の危機、議会民主主義への批判の声のなかで、普選の旗印の下で結集した一部の知識人と民衆のなかには、階級闘争・直接行動の方向に走っていった者もいた。

秩序と革命の選択

この時の湛山も、他の普通選挙派と同様に議会政治に失望を感じたが、革命と秩序の選択の岐路に立って、やはり秩序を選んだ。総選挙の結果は国民全体の意志表示ではなく、もし原敬内閣が「国民をして飽《あ》まで議会を尊重せしめ、かの直接行動の如き好ましからぬ風を我国に移入せざらんと欲すれば、先《ま》ず普通選挙を施行するが第一の策である」と、姿勢を立て直して再度、政府に迫った（『全集』三巻、六三頁）。

運動の失敗は、必ずしも政党政治の無力ではなく、普通選挙の機運そのものが政治の大勢を占めるに至らなかった、とのちの回想において、湛山は分析した。

編集長時代の湛山（1920年２月）

議会内では……各党ともに党議をもって普選に反対し、……新聞のごときも一般に普選に反対もしなかったが、冷ややかだった。世人から憲政の神様とまで敬われた尾崎、犬養両氏が、実は普選の反対者だったことは、今日知っている人は少ないであろう。(『回想』一八二頁)

5 「改造」と革新の拒否

大正デモクラシーの転換点

一九二〇年五月の総選挙における普選派の敗北には、デモクラシー運動の転換点となる重要な意味があった。おりからの戦後恐慌(三月)も、自由資本主義の黄金期の終結を宣告した。

二つの「改造」の時代

不況と議会政治への不信が高まるなか、「改造」という言葉が流行し、左からの階級闘争による「社会改造」、右からのクーデターによる「国家改造」の方法が模索されるが、ともに議会政治と資本主義制度の否定、打倒を目指す政治革新運動である。一時花を咲かせた大正デモクラシーも、こうして左右からの挟み撃ちを受けて退潮に向かい、一九三〇年代の軍部ファシズムと全体主義政治は、こうした社会不安、資本主義恐慌のもとで準備されていったのである。民衆運動が過激化の方向に向かうなか、デモクラシー運動で指導的役割を果たしてきた知識人も、階級闘争・社会主義に邁進するか、それとも議会主義・資本主義を守るか、との選択を迫られた。

一九一九年二月、雑誌『我等』が長谷川如是閑《はせがわにょぜかん》・大山郁夫《おおやまいくお》らによって創刊され、つづく四月に『改造』（改造社、山本実彦《やまもとさねひこ》）、六月に『解放』（黎明会同人雑誌）も発刊された。誌面に「階級戦」や「社会改造」の言葉が流行し、東大新人会の左傾化の動きに象徴されるように、この時期から革新の潮流に乗り遅れまいと、民本主義を捨て社会主義に「改宗」しようとした青年や、知識人も多く現れた。

社会改造の拒否

この流れのなか、石橋湛山は、社会の改造ではなく自己の「心」の改造を唱え、あくまで資本主義救済、自由主義堅持、議会政治擁護の立場を守り通した。また、女子の政治参加を含む普通選挙論も、男子普通選挙法が成立した一九二五年頃まで根気よく主張しつづけた。

政党政治の呪咀は時代錯誤

一方、デモクラシー運動の退潮後、弱体化していった政党政治に対し、湛山は、その腐敗・泥仕合・政権欲・無気力を容赦なく叱咤しながらも、政党政治を見捨てることなく、真摯にその浄化・再生を期待した。「政党政治の呪咀の極は、驚くべき時代錯誤の政治現象を生ずる虞《おそれ》なしとも限らない」と警告し、「此際こそ識者は益々意気を盛んにして政党政治の完成を期し、其健全なる発達に肝胆をくだく心を堅くする要がある」と、訴えた（『全集』四巻、一二三頁）。

このように、一九二〇年以降、湛山は過激化に向かった民衆運動から身を引き、階級闘争を掲げる「社会改造」論者とも一線を画して、思想・言論の自由を唱え、政党・議会政治擁護の立場を守りつづけた。

二　帝国主義批判論

1　小国主義のビジョン

小国主義論の精髄

近年、明治・大正期における『新報』の帝国主義批判、軍備縮小、植民地放棄論を内容とする「小日本主義」の主張が注目され、評価されるようになったが、希少価値の発掘という「現象」論的評価が多く、その思想の本質に対する分析が不十分の観がある。『新報』の小国主義は、決して単純な「外交論」や国際認識ではなく、また、社会主義者幸徳秋水《こうとくしゅうすい》の非侵略主義、キリスト教者内村鑑三《うちむらかんぞう》らの道義上の小国主義ではない。その始まり――植民地領有の経済的得失論――からわかるように、経済合理主義に基づく国家経営の戦略的方法論、経済思想であり、また、田中王堂の哲学と新自由主義の根底をもつ、思想哲学でもあった。

小国主義の特徴

その特徴をまとめると、

一、哲学思想面で、欲望の「統整」、自由放任主義の克服による国際社会の機能健全の理論に支えられる、

二、経済理論面で、自由貿易、分業利益（＝世界経済）を媒介にした、「人中心」の、国内生産力発展論を柱とする、

三、政治面の表出として、帝国主義批判、植民地放棄、また世界門戸開放主義の立場を貫く、

という三点が指摘される。第一の特徴（思想哲学）は本章の「一　普通選挙と代議政治論」のところで触れた。ここではその第三の特徴（対外認識）を、そして本章の「三　小国主義の経済思想と実践」で、その第二の特徴（経済思想）を紹介する。

小国主義の系譜

日本における小国主義思想の萌芽は、明治中期の自由民権論者の政論や、日露戦争前の『平民新聞』に見られる社会主義者の言論中、あるいは内村鑑三をはじめキリスト教者の平和主義のなかにちらほら見られるが、ほとんど道義・道徳上、あるいは理想・信仰上の主張であり、領土・人口・資源のハンディをもって膨張主義・帝国主義を正当化する明治時代において空論に等しかった。

純経済論の視角

『新報』の小日本主義と帝国主義批判は、明治末、植松考昭主幹の時代（一九〇七—一二

年）から始まり、論拠は「小英国主義」（Little Englandism）、また、一九世紀中期のマンチェスター学派の自由貿易主義にあった。

小英国主義は、イギリスの海上の覇権と貿易の優勢を生かして、領土拡張の植民政策を抑制する国家政略論であるが、植民地支配による政府財政負担の増加を避けるのが目的であった。グラッドストン（W. E. Gladstone, 一八〇九—一八九八）、ロイド・ジョージ（D. Lloyd George, 一八六三—一九四五）など、自由党系の政治家が主な主張者である。小英国主義にある「植民地負担減」と同じ発想で、『新報』は一九一〇年頃から、主幹植松考昭によって植民地不要論を主張しはじめた。その根拠は、「利害の得失」という「純経済」の視角から述べられたものであった。

三浦銕太郎の帝国主義批判論

植松の後を受け、三浦銕太郎は、一九一一年三月から『東洋時論』に「帝国主義の暗影」、一〇月「帝国主義の恐るべき側面」を著し、主幹に就任した一九一三年の初めから、さらに『新報』に「満州放棄乎《か》軍備拡張乎」（一九一三年一月五日—三月五日）、「大日本主義乎小日本主義乎」（同四月五日—五月一五日）の署名入り論説を連載して「小日本主義」の植民地放棄論を打ち出した。植松の「純経済」の視点を超えて、国防・外交・政治面などの視野を全面に取り入れ、綿密かつ体系的帝国主義批判論となっているが、否定論にとどまり、代替策としての、小国日本を生かす方法を示すには至らなかった。

石橋湛山の小国主義

その後、大正期に現れた石橋湛山の小日本主義は、帝国主義批判の理論面から見れば、三浦のそれを超えたとは言えないが、経済理論・経済思想の面で、小日本主義の新天地を開拓し、大国主義路線を放棄した後の、小国日本を生かす途、生きる方法を提示することに成功した。理想主義的色彩が強い三浦の帝国主義批判に対して、石橋湛山のそれは、経済理論・経済思想に裏打ちされた、現実性のある小国主義の方法論・技術論であったといえる。

2　帝国主義批判論

移民不要論

湛山の「小日本主義」に関する最初の仕事は、一九一三年四月から五月にかけて『新報』に載せた「我植民地財政と国庫の負担」という資料調査であった。いわば、三浦主幹の帝国主義批判と植民地不要論を裏づけるためのデータの収集分析の補助作業である。一九一三年五月、米国加州《カリフォルニア》の「排日土地法」が成立した際、「我れに移民の要無し」を書き、はじめて人口過剰論の批判を通じて本格的に「小日本主義」の論陣に参入する。

植民地放棄論

その後、第一次世界大戦の勃発と日本の参戦という、外交・国際関係問題への関心が高まるなか、次々と帝国主義批判論を送り出す。一九一四年八月、日本参戦の直前に書いた「好戦的態度を警《いまし》む」「戦争は止む時無き乎」に挙国一致の好戦論を戒め、戦費の浪費、人命の損失、国際信用制度の破壊、生活の悪化などの面から「戦争は総ての場合に於いて利益を生む者にあらず」と訴え（『全集』一巻、三六四頁）、日本参戦後の一一月、国際投資開発と自由貿易の見地から、青島《チンタオ》（中国山東省の港）割取とアジア大陸進出の不可を論じ、「亜細亜大陸に領土を拡張すべからず、満州も宜く早きに迨《およ》んで之れを放棄すべし」と植民地放棄論を導き出す（『全集』一巻、三七五頁）。

湛山の第一次大戦批判は、『新報』の見地を受け継いだ功利的特徴が見られるが、国際的にベストセラーになったイギリスの評論家ノーマン・エンジェル（Norman Angell, 一八七二―一九六七）の戦争の無益を訴える『大いなる幻想』（*The Great Illusion*, 一九〇九年）にも大きく影響されたことは、論の内容を通じてわかる。

対華二十一カ条批判

一九一五年五月、大隈内閣が中華民国政府（袁世凱《えんせいがい》）に押しつけた特殊権益要求の「対華二十一ヵ条」に対して、湛山は『新報』に「先ず功利主義者たれ」「対支外交の失敗」「日支親善の法如何」「日支新条約の価値如何」（『全集』一巻）など一連の論説を載せ、条約の締結は日本外交の孤立と経済的不利益を招く「大失敗」だと論難し、また、商業・貿易の利益を重視する「徹底した功利主義」の立場で、旅順の領有、大連・南満州鉄道独占の不利益を説き「出来れば一時も早く支那に還した方が」日本の利益になると説いた。「隣邦支那」の富強はやがて日本の富強につながり（『全集』一巻、四一四頁）、「対等の独立国」として敬意を払うのが、日本の取るべき対華姿勢だと唱えた。

派閥・人脈の縁から言えば、早稲田系の新報社は、大隈内閣を支持するはずの立場にあるが、しかし、湛山も『新報』もこの時、反戦の主義を貫き、決して批判の舌峰を緩めなかった。

シベリア出兵反対

湛山はまた帝政打倒の意味で、一九一七年のロシア革命とボルシェビキ政権に同情を寄せ、ロシア民衆への「尊敬」と「親善」を主張する一方、革命干渉論と寺内正毅《てらうちまさたけ》内閣のシベリア出兵の動きを批判した（『全集』二巻）。日本が列強のシベリア出兵に参加した後、国内の無関心、列国協同作戦の無意味を指摘して「西比利《シベリア》出兵を引上ぐべし」と主張し（『全集』二巻）、一九二〇年一月、「陸軍国家を危くす」の社説で、シベリア出兵は、他国の内政干渉、自国軍民の犠牲の「二重の意味に於て人道に反」し、また、力による思想の撲滅と権益獲得の「二重の意味に於て、無益である」と撤兵を訴えた（『全集』三巻、一〇五頁）。

「尼港事件」の論評

一九二〇年三月から五月、シベリアのニコラエフスク港で日本軍・民が現地の抵抗運動によって殺害された「尼港事件」が発生し、国内において報復のムードと増兵論、尼港・北樺太占領論が高まった。湛山はこのような世論は軍閥・財閥・党閥の企《たくら》みで、「我国家に取って、百害あって一利なき」と、国民に冷静を求め、「尼港事件の悪用」を警戒した（『全集』三巻、一一八頁）。

大戦後の世界平和模索

第一次大戦たけなわの一九一五年後半から、湛山が力を入れたのは、戦後の政治・経済秩序再建の研究であった。もちろんこれらはすべて帝国主義反対の線で展開するものだった。一九一五年九月から一〇月、彼は『新報』に「世界平和同盟私案」のタイトルで、L・ディキンソン（一八六二—一九三二）の平和同盟案、およびフェビアン協会の平和同盟案（ウルフ案）を詳細に紹介し、両案が提唱した国際裁判所の設立による国際紛議の仲裁・調停の方法に賛成を表した（『全集』二巻）。列国の間で停戦協定が模索された一九一七年一月、湛山は「講和如何」の社説で、戦後「小国小民族の解放」、列強の協力による「世界平和同盟の構成」を期待し（『全集』二巻、一一五頁）、また六月「講和条件と我国」において、ロシア革命政府の講和方針を支持し「無併合」「無償金」「将来の平和の保障」という三原則に基づく講和の実現を熱望した。さらに戦後の世界平和の実現を促進するため、日本が率先して朝鮮・台湾の放棄、青島および南洋諸島に対する領有野心の断念を主張したのである（『全集』二巻、一一九頁）。

国際連盟案支持

そのほか一九一九年一月、パリ講和会議で提起された国際連盟案にも多大な熱意を示し、連盟の中心的事業は、「末葉」となる人種問題・軍備問題の解決ではなく、「常設国際立法部、常設国際行政部、常設国際司法部」が鼎立する強力な「民本的国際政府」の設立であるべきと説いた（『全集』三巻、一二七頁）。湛山は第二次大戦後、世界連邦、世界国家、「日中米ソ平和同盟」の主張者として知られるが、その萌芽はこの時の国際連盟論からうかがえる。

注目すべきは、国際連盟（一九二〇年）と国際仲裁組織の設立提議は、一九一八年一月米大統領ウィルソンの「一四ヵ条」演説によって提起され、「無賠償」「無併合」「民族自決」を訴えるソビエト政権の「平和に関する布告」（一九一七年一一月）も革命後に発表されたものとされるが、湛山はいずれもそれより早い時期で同構想の動きをキャッチし、自らの主張に取り入れたのである。

利権より「道徳的国格」

一九一九年のパリ講和会議に際して、日本政府の方針や世論・マスコミの注目はいずれも自国の権益獲得に集中し、外交交渉の不利な展開と全権使節団の譲歩・軟弱に批判の声が集まった。これに対して湛山は、列強によるドイツ分割および植民地再分配の野望を警戒し、また、賠償問題に見る列強の貪欲を、「世界の平和を攪乱する」「禍根」と非難する（『全集』三巻、一二八頁以下）一方、社説「袋叩きの日本」（八月）で、日本が孤立から脱出し、自らの国際的地位を高めるため、権益・領土に執着しない「道徳的国格」の構築を訴え（『全集』三巻、八八頁）、つづく九月、使節団帰国歓迎のメッセージにも、目下の日本が、「世界の公敵」の立場から脱するため、「第一着手として、即刻満蒙《まんもう》除外の提議を撤回して、新借款団に無条件加入を申込まれよ」と進言した（『全集』三巻、九六頁）。

3　一切を棄つるの覚悟

「一切を棄つるの覚悟」「大日本主義の幻想」

帝国主義批判に関する湛山の最も精彩を放つ言論は、ワシントン軍縮会議（一九二一年一一月—一九二二年二月）と、太平洋軍縮問題をめぐる一連の評論に見られる。第一次大戦後の世界平和を保つため、アメリカの提議で一九二一年の中頃から軍縮問題を討議するワシントン会議が準備された。会議に向けて湛山は『新報』に徹底した軍縮論を展開するにいたる。七月の「一切を棄つるの覚悟」では、彼は満州の「特殊権益」放棄における政府の「留保」姿勢を批判し、「大日本主義」の「幻想」を放棄し、「朝鮮、台湾、満州を棄てる、支那から手を引く、樺太も、シベリヤもいらない」、「一切を棄つるの覚悟」で会議に臨み、もって日本の国際的地位を改善せよ（『全集』四巻、一四頁）と訴え、その後の連載社説「大日本主義の幻想」（『全集』四巻）で、民族自決の趨向、経済・貿易面の得失、および軍事面の負担などの面から、植民地領有の誤りを指摘し、体系的植民地放棄論を展開した。

太平洋問題研究会

その一方、尾崎行雄らの「軍備縮小同志会」の活動に先んじて、一九二一年七月、新報社に「太平洋問題研究会」を設け、代議士鈴木梅四郎を座長に据え、三浦銕太郎・田川大吉郎・植原悦二郎・石本恵吉《いしもとけいきち》など自由主義者を集め、研究・議論を重ねた。二ヵ月間の活動の末、石橋湛山の手によって最終報告「軍備制限並に太平洋及極東問題に関する会議に就ての勧告」(『全集』四巻、五五頁)をまとめ、『新報』に発表したほか、和・英両文の冊子にもまとめ、国内外にひろく配布したのである(『回想』二一〇頁)。この勧告書は、帝国主義的欲望の放棄、経済上の機会均等主義・門戸開放政策の堅持、他国干渉の反対、国際問題の平和的討議、軍備の撤廃などを訴え、戦争を絶つための、徹底した平和主義宣言であった。当時、尾崎行雄がリードした国内の軍縮論は「害」(=軍備負担)の放棄のみに集中するが、石橋の軍縮論の力点は「利」(=既得権益)の革正にあった。

ワシントン会議の後も、石橋湛山は引き続き勧告書の精神を訴え、一九二六年に予定された日米英軍縮会議(流産)の実現、一九二七年六月からの日英米のジュネーブ海軍軍縮会議の成功を期待した。世論に現れる太平洋地域における日米対決論に対し、彼は「米国人が狂人でないならば、我から彼を攻撃せぬ限り断じて我を攻撃して来る筈がない、而して米国を除けば、我には巨大の軍備を用意せねばならぬ相手は何処にも存せぬ」と軍備拡張の無用を唱え、「軍備撤廃」の方針を徹底した(『全集』五巻、一五二頁)。その後、一九三〇年ロンドン軍縮会議についても、海軍と右翼が問題にした天皇の「統帥《とうすい》権《けん》」は、「既に今日の時世に於ては許すべからざる怪物である」と強く反発したのである（『全集』七巻、四二三頁）。

山東省出兵批判

一九二六年、蔣介石《しょうかいせき》の指揮下で国民政府による祖国統一の「北伐」戦争が開始した。この時、戦争の混乱に乗じて武漢《ぶかん》・南京《なんきん》などの地で、革命軍による租界地奪回、外国領事館襲撃などの排外的事件が頻発した。革命への干渉を求める国内世論に対して、湛山はこの混乱を、「新しき支那の生まる丶生みの苦しみ」と見て、中国のナショナリズムに理解と同情を寄せ（『全集』五巻、一五六頁）、一九二七と二八年、日本政府が「居留民保護」を口実に、二回にわたって強行した山東省出兵に対しても、「無用なる対支出兵」と難じた。田中義一《たなかぎいち》内閣の「満蒙独立」策動に対して、それは「到底実現の望みはない」ばかりではなく「実に危険至極のものである」と警告した（『全集』六巻、二三二頁）。湛山は、一九三一年の満州事変まで一貫して帝国主義批判の姿勢を堅持したのである。

帝国主義批判論の特徴

以上に見られるように、大正期における石橋湛山の帝国主義批判は、移民不要、権益・植民地放棄、軍備全廃、戦争反対、国際組織・仲裁制度の提唱など、徹底的であり、膨張主義・大国主義意識が横行する世の中にあって、異色な存在であった。また、その理論構成には、道義・道徳論的色彩が薄く、功利主義・経済合理主義の特徴が見られる。

三　小国主義の経済思想と実践

1　初期の公平分配論

日本近代化の命題

石橋湛山の小国主義は、社会生活の機能に着眼する思想体系で、自由放任の是正を主張する新自由主義はその政治・経済の綱領であり、国家的欲望の統制を求め、植民地放棄、軍備全廃を唱えた帝国主義批判はその対外政策面の表出であった。

一方、それだけでは小国主義の主張には生命力がない。自分・自国を律するだけでは「領土狭小、資源貧乏、人口過剰」と言われる日本近代化の命題を解決できないからである。植民地と帝国主義を放棄した後、小国日本はどのように存続するか、この難問を解決し、経済理論と方法面で小国日本の生き方を示したのは、先輩の植松考昭・三浦銕太郎と一味違う、石橋湛山の小国主義である。

「人中心」の主張

湛山の小国主義の経済論は複雑な理論ではなく、一言に要約すると、人間の能動的エネルギーを基本的経済要素とする「人中心」の主張である。「持たざる国」という日本の経済環境・国際環境を素直に受け入れ、この限られた舞台において、自力で「近代化のドラマ」を演出する、という。この時、頼りにしたのはもちろん資源でもなく領土でもない。「過剰」といわれる人間の頭脳・労働力である。

この理論の経済学的根拠は、湛山が経済学入門時から親しんだ、アダム・スミスの「労働は富なり」という理解にあった。また、同じ「人中心」の思想であるが、実際、一九二三年の関東大震災を境に、社会政策の実施、労働環境の改善という人的資源保護の分配論から、雇用の創出と人の創意・創見の発揚という生産論へと、重要な飛躍もあった。

湛山の小国主義の特徴

この小国主義的経済論をもって、湛山はややもすれば人道主義・理想主義の空談に終わってしまう帝国主義批判を、現実的経済理論として再生させた。また、この小国主義的経済論の理念を戦前・戦後を通して自らの経済論策、戦争抵抗、および戦後の復興構想にも貫通させていった。この意味で、日本の生き方を示した経済論こそ、湛山思想の神髄と言える。以下では、湛山の経済思想の形成過程と特徴を追ってみよう。

一九一二年一〇月、『東洋時論』が廃刊したあと、石橋湛山は『新報』の記者に移り、政治・社会・外交評論を担当した。経済誌の記者として経済の話がわからないと困ると思った湛山は、「一通り知って置いてよい」との気持ちで独学で経済学の勉強を始めた。手ほどきに天野《あまの》為之《ためゆき》の『経済学綱要』を、続いてE・R・A・セリグマンの『経済学原論』を読んだ。この二冊は、早稲田大学の経済学のテキストでもあった。その後、田中王堂の勧めでトインビーの『十八世紀イギリス産業革命史』を読み、続いてミルの『経済学原理』、アダム・スミスの研究も始めた。

自由放任の克服

　初期の経済学の勉強は、前述したように、政界転身に備えた、政治経済綱領の樹立のためであり、トインビーの「産業革命」批判と、J・S・ミルの社会改良と公平分配の思想から、湛山は主として資本主義の弊害の是正、公平な分配の思想を受け入れ、自らの「新自由主義」の政治綱領の補完に活かした。湛山はこの時点では、資本主義の自由放任の弊害克服を目指す、社会改良論者であった。

人中心理論の登場

　石橋湛山の、小国主義の色彩を帯びる「人中心」の経済理論は、第一次大戦のなかで、主として戦後の経済発展に関する思考を通じて現れたものである。一九一五年九月から、彼は『新報』に「戦後の経済競争に処する用意如何」の社説を連載し、「人」中心の理論を打ち出すにいたる。

「凡《およ》そ生産と云い、蓄積と云い、悉《ことごと》く人力の結果である。此故《このゆえ》に、経済上の資源として、一番根本的にして大切なるは、人資なること申す迄《まで》もない」。「我が国に鉄なく、綿なく、毛なく、穀物なきは少しも憂うるに及ばぬ。只《た》だ最も憂うべきは、人資の良くないことだ」（『全集』二巻、二一二頁）。

この精彩ある指摘は、湛山の経済学研究の最初の、またもっとも重要な成果と言える。帝国主義批判論に経済的根拠を提供したばかりでなく、のちに彼の小国主義的経済思想の土台を作ったためである。

人中心の公平分配論

一方、具体的に「人資」をどのように利用するかについて、湛山の論には、まだのちのような人的資源を活用する生産発展論の視野がなく、分配論、すなわち人的資源の保護論に特徴が現れる。一九一六年九月から連載した「「人」中心の産業革命」論で、彼は、来たるべき「人中心」の産業革命の目的に達するため、「人類の能力」と消費財の価値を極度に発揮するよう、社会組織を変革する必要があり、第一歩として、一、収入平等、二、労働時間短縮、三、衛生設備完備、四、国民教育の増強、の「四大綱目」を掲げ、さらに補助の方策として、職業紹介所、公費療養所、無学資教育などの各種の社会福祉事業の必要を提起している（『全集』二巻、二八九頁以下）。

このように、湛山は「公平分配」と「社会政策」の実行を、「人資」養成の重要な方法と見ていたのである。この論は、基本的には「分配」の理論であり、大正デモクラシーを彩る、フェビアン社会主義の社会改良の色彩が濃い。

2　人間中心の生産力発展論へ

人間中心の生産力発展論

一九二〇年三月、戦後恐慌が発生し、第一次大戦以来の好景気は終止符が打たれた。また、この恐慌はやむことなく長く続き、これまで信じられてきた資本主義の自律調節の機能が麻痺した事実も明らかになった。一九二三年九月、恐慌に追い打ちをかけるように関東大震災が起こり、震災復興の負担などで、さらに日本資本主義の危機を表面化させたのである。

資本主義救済論

資本主義の構造的危機の発生は、形成中の石橋湛山の経済思想に大きな影響を及ぼした。彼は資本主義救済の立場で、恐慌対策を摸索しはじめた。一九二〇年以降、湛山の言論にある「公平分配」論の色彩は次第に薄れてゆき、逆に生産発展の主張が中心となって現れてきた。

公平な分配だけでは駄目だ。生産発展の方がいっそう重要ではないか。「人間が働けば景気がよくなる」、「吾輩の信ずる所に依れば、国家の為すべき最も大切な仕事は、人を働かせることである」（『全集』四巻、四〇二頁）と湛山は言いはじめた。資本主義救済の恐慌対策、および震災復興の論策を通じて、石橋湛山は生産の重要性をいっそう認識するようになったのである。

分配より生産が重要

一九二三年は、ちょうど二人の経済学の偉人、アダム・スミス生誕二百年と、デービット・リカード没後百年の年である。湛山は六月、『新報』に記念の文章を書き、リカードの分配論とスミスの生産論を比べ、経済問題が「啻《ただ》に分配問題のみならず、生産問題に重みの大いに置かれつつある点から見れば、現代は寧《むし》ろアダム・スミスの時代に近い」と強調した（『全集』五巻、四五六頁）。初期の経済思想と比べ、人間の要素を重視する立場は変わらないが、恐慌下の一九二三年頃から、明らかに分配論から生産論への力点の転換があった。

3　天恵と人工

新農業政策の提唱

一九二四年以降、湛山は精力的に小作争議問題、米問題、農業改革問題の研究に取り組み、日本が持つ「天恵」不足のハンディに対して「人工」中心の発展方針を策定し、各種の論評を通じて、次第に農業の集約化、多角化、および農村工業化を主旨とする新農業政策を形成する。一九二七年七月、湛山はこれらの研究成果を『新農業政策の提唱』にまとめ、新報社から刊行した。農業政策のほか、産業政策、教育、および地方自治・行政改革の諸問題に広く触れたこの本は、この時期の湛山の経済思想を把握するためのもっとも重要な材料である。

スミス理論の修正

この本のなかで、湛山はまず「人」中心の基本理念を掲げ、日本の貧困の原因は「天恵の不足」ではなく、「人工が足りぬ」ためだと指摘する。論は、アダム・スミスの「労力は富なり」という経済学の理論から示唆を得て形成したようだが、一方、スミスの論には「土地気候領土の広さ」が前提条件であり、これに対して湛山は、「私は寧ろ此条件をも除いて、労力をば唯一無二の資源であると説きたい」(『全集』五巻、三〇五頁)と、いっそうスミスの学問を発展させた。スミス時代の大英帝国と違い、ほとんど領土・資源に恵まれない「小日本」の現状に即した「修正」というべきであろう。

新農業政策の主旨

新農業政策の主旨は、政府の農業保護政策をやめさせ、農民自身の努力によって農村の活力を喚起することにあった。具体的建言は、農村の工業化、農地の集約化、米作中心の耕作方法の放棄と果樹栽培・牧畜の発展など多角経営の内容であり、さらに地方の「創意と創見」を生み出すため、地方自治体の行・財政改革や、知識普及のための実業教育などの内容も含まれていた。

小作争議観の変化

興味深いことは、この前後に現れた湛山の小作争議観の変化である。湛山は頻発する農村の小作争議を解決するため、一九二四年四月、自ら山梨県中巨摩《こま》郡の農村に入り、実地踏査を行なった。行く前、彼は小作争議の解決における「調停」の公正を求めていたが、調査を通じて、生産活動から遠ざかる寄生地主の問題を認識し、また、小作争議の根源は、階級的圧迫にあるというより、農業の構造的危機、農村全体の生産性の低下にあると指摘し、必然的に、その解決の方法も、地主と小作人間の取り分の再配分ではなく、農村全体の振興に力点を置いていた。

4　不景気対策—金解禁論争

湛山の人間中心・労働中心の経済思想は、この後、金融恐慌・昭和恐慌の試練をへて次第に国内生産力発展を内容とする積極財政論に至る。

金融恐慌下で

関東大震災以来の慢性的不況のなか、多くの銀行が不良の震災手形を抱えていた。一九二七年三月、若槻《わかつき》内閣の片岡直温《かたおかなおはる》蔵相の失言で銀行の信用危機が発生し、全国各地で銀行取り付け騒ぎが発生した（金融恐慌）。四月には、鈴木商店の破綻で、それを支えた台湾銀行も経営危機に瀕した。この時、銀行を救済するか、見殺しか、議会やジャーナリズム界で論争を呼んだ。

社会連帯主義提唱

石橋湛山は、社会生活の正常機能を重視し「団体主義、社会連帯主義」の立場で、片岡蔵相の救済策を支持し、野党政友会や実業同志会の武藤山治《むとうさんじ》（一八六七―一九三四）らの銀行見殺し論と対立した。論争のなかで、湛山は救済反対を「自由放任主義」と批判し、産業の大規模化と貧富懸隔の拡大により、「今日の社会の大勢が、知らず識らずの間に、団体主義社会連帯主義を其統整の原理として取り入れつつある」と明言し（『全集』六巻、一五頁）、国家管理、他律的調節による資本主義の危機救済を唱えた。社会全体の安定を図り、恐慌による失業、生産力の浪費を回避するのが、湛山の銀行救済論の主旨であった。この論のなかに、資本主義管理における国家介入の思想、いわばケインズ主義的発想が色濃く現れていたことが、注目に値する。

ケインズの紹介

ケインズは、同時代の経済学者として、石橋湛山にもっとも影響を与えた人物である。早くも第一次大戦後の講和論から、湛山はケインズの存在に注目しはじめ、一九二〇年四月に彼の新著『平和の経済的結果』、一九二二年五月に同著『条約修正論』をいち早く『新報』に紹介した。その後、ケインズを「欧州経済の現状研究者中の権威」と見て、その発言を注意深く見守り、一九二三年の消費促進・生産発展の理論でもケインズの論点に触れていた。ケインズが資本主義に対する「国家の介入」を認め、「新自由主義」を唱えはじめたのは一九二四年前後とされるが、同じ立場は、一九一〇年代半ばの石橋湛山の「新自由主義の発達」からすでに見られた。

「新平価」解禁論

日本国内では、一九二八年から世界金融体制への復帰方法をめぐって、「金解禁論争」が繰り広げられた。この論争のなかで、湛山は経済ジャーナリスト仲間の高橋亀吉《たかはしかめきち》（一八九一―一九七七）、山崎靖純《やまざきせいじゅん》（一八九四―一九六六）、小汀利得《おばまとしえ》（一八八九―一九七二）らとともに「新平価」解禁論を唱え、民政党内閣の井上準之助《いのうえじゅんのすけ》（一八六九―一九三二）蔵相の「平価」解禁政策を批判した。「新平価」とは、日本と世界の物価差を考慮し、金解禁の際、為替相場が法定平価を大幅に割りこんでいる現在の水準に合わせた新レートで解禁する主張で、米ドルに対する円の交換率をいく分切り下げることが特徴であった。その分、日本の財産価値は目減りとなるが、解禁による景気の波動を回避するメリットがある。一方、「旧平価」で解禁の場合、大規模な緊縮政策が避けられず、それによって国内の物価が下落し、大量な失業と労働力の浪費が産み出されるのではないかと、湛山ら新平価解禁論者は危惧した。

緊縮財政への批判

金解禁の前、湛山らは井上蔵相の緊縮財政と消費節約の呼びかけを厳しく批判し、不況の出現と生産の停滞、操業短縮を警戒した。一方、誌上の論争が盛んに行なわれたものの、当時の経済評論界で「四人組」と言われていたように、実際の影響力は弱く、ほとんど孤軍奮闘のありさまであった。

井上隼之助の反撃

井上準之助は「自信が鼻先にぶら下がっているような」エリート官僚で、「おれのやることに間違いがあるか」（『座談』二六頁）という高飛車の態度で新平価金解禁論者たちを睨みつけ、むろんこうした「町の経済学」論者の主張に耳を貸すわけはなかった。時には「新平価論者と云はるゝ連中には、それで飯を喰つている者も相当にあるさうだから、若《も》し我が輩が、駁論を発表した為め、其連中が飯の喰ひはぐれになつては気の毒だ」と悪口雑言を吐いたりした（「金輸出再禁止論者に対する井上蔵相の罵詈と私共の真情」『経済往来』一九三〇年一一月号、『全集』一六巻）。こうした井上の論を、財界はほとんどこぞって支持していた。結局、湛山らの努力は、政府の金解禁政策を動かすことがなく、一九三〇年一月、世界的大恐慌のさなか、浜口雄幸《はまぐちおさち》民政党内閣は、旧平価による金輸出の解禁に踏み切った。

昭和恐慌の到来

この政策は「嵐に向って雨戸を開けっ放しにした」暴挙と言われるように、またたくまに、一九二九年一〇月ウォール街から始まった世界的恐慌の波を日本に呼びこんだ。石橋らが予見したように、国内の物価が暴落しはじめ、貿易収支も悪化の一途をたどった。おまけに金解禁直前より投機筋の思惑による円買いドル売りが行なわれ、金への兌《だ》換《かん》と正貨の海外移送が止まらなかった。このため、わずか半年間で緊縮財政によりせっかくためこんだ日本の金貯蓄がほとんどすべて海外に流出してしまった。いわゆる「昭和恐慌」の始まりである。不況の影響下で、農村を中心に疲弊が進み、内外の窮状は、ついにファシズムによる国家改造運動と軍部の満州侵略に連動したのである。のち湛山は、戦争の原因は、決してインフレではなくデフレにあると繰り返し言うが、昭和恐慌の教訓から得たものであろう。

大生産論

この時の湛山は、不景気は「人生の最悪の浪費」だ、「一国の富源は、善きにせよ、悪しきにせよ、国民の労力の外にはない」（『全集』七巻、一五一頁）と叫び、大いに生産を起こすことを恐慌対策の基本とした。

恐慌下の一九三〇年八月六日、井上準之助蔵相は『世界の不景気と我国民の覚悟』の小冊子を刊行し、金解禁政策の失敗を弁解するとともに、国民のさらなる忍耐と我慢を呼びかけた。

金輸出再禁止論

政府の無能を見かねた湛山らは、これに対し新たな行動を起こした。彼は勝田《かつた》貞次《ていじ》・森田《もりた》久《ひさし》・小汀利得・高橋亀吉ら新平価金解禁論者を春香亭に集めて、井上デフレ財政の批判とともに金輸出再禁止論の論陣を立ち上げ、また、財界の大物、鐘紡社長で代議士でもある武藤山治と協力して、政府の財政政策への攻勢を強めた。武藤はもともと財界の多数と同じように旧平価金解禁の提唱者であったが、井上デフレ政策によって経営業績が悪化し、一九二九年九月頃、猛烈な井上財政批判に転じた人物であり、その後、右翼に暗殺されるまで湛山と親しくつきあっていた。

『井上蔵相の錯覚』

一九三〇年八月二〇日、湛山と新報社における組版・印刷の全面協力で、武藤山治の小冊子『井上蔵相の錯覚』が異例の早さで上梓《じょうし》され、これを合図に井上財政へ総攻撃が始まった。

金輸出の即時停止論

八月三一日、湛山は「不景気対策の検討」という長編論文で、金輸出再禁止と金本位制廃止の主張を打ち出し、翌九月一日には、交詢社に安田与四郎《やすだよしろう》・森田久・高橋亀吉・小汀利得・勝田貞次・山崎靖純・赤松克麿《あかまつかつまろ》らが集まって座談し、金輸出の即時停止、また停止後の金融緩和政策で意見の一致を見た（「金輸出再禁止問題討論会」『新報』九月二七日、一〇月一八日号）。

一九三一年九月一八日、軍部の陰謀により満州事変が勃発し、さらに九月二一日、イギリスも金輸出を禁止し、金本位制からの離脱を宣言した。これで井上の緊縮財政と金本位制が事実上破綻し、国内の大手銀行や投機筋は一斉にドル買いに殺到し、さらに経済界を混乱のどん底に陥れた。

この時から湛山らのグループは民政党内閣に見切りをつけ、金輸出再禁止論の旗印を鮮明にする一方、恐慌からの挽回策を来たるべき政友会内閣に託したのである。

一二月一三日、民政党内閣が崩壊し、犬養毅《いぬかいつよし》首班の政友会内閣が発足した。高橋是《たかはしこれ》清《きよ》は蔵相に就任するや、金輸出禁止の大蔵省令を出し、一二月一七日、緊急勅令をもって日本銀行券の金貨への兌換を停止させた。これにより、一年間の混乱を招いた民政党内閣の金解禁はようやく幕を閉じたのである。

四　資本主義救済の努力

1　湛山の恐慌対策論

貨幣による有効需要の創出

一九三〇年後半の石橋湛山の金輸出再禁止を掲げる恐慌対策論には、ケインズ主義の特徴が顕著だった。ケインズと同じように彼は、恐慌を資本主義の経済組織の本質的な欠陥と見ず「貨幣の問題」とし、貨幣管理の方法を通じて恐慌の打開策を模索した。これまでの均衡政策の信仰から脱却し、先に「購買力を世に供給」し、「ある程度の通貨膨張を辞せず、先ず公営の土木建築事業を起こ」せと、と提言した。

「インフレ」の鼓吹

この理論に基づいて湛山は、政友会内閣の高橋財政の下で、公然と「インフレ」の主張を掲げ出し、理論の上でも実践の上でも、来たる高橋是清積極財政を牽引し、また、下で支えた。一九三二年四月に入ってから、湛山は精力的に「インフレ」の研究に打ちこみ、社説、あるいは講演・座談会の形式を通じて恐慌脱出のための「インフレ」理論の宣伝に努めた。一九三二年七月、湛山はこれらの研究成果を『インフレーションの理論と実際』という単行本にまとめ、東京書房より刊行した。

「インフレ」の意義について湛山は、危険に瀕している現在の経済活動を危機から救い、その「回復するに必要な限りに於て通貨を膨張せしめ、物価騰貴をはかれと云うに過ぎない」、と説明し、一般の意味でのインフレーションではなく、生産回復のための「リフレーション」であると強調した（『全集』八巻、四四二頁）。また、具体的な貨幣操作の施策に、湛山は、

一、中央銀行の金利引き下げ、
二、公開市場操作、
三、政府事業を興す、

ケインズの経済学

金解禁・再禁止論争決着頃の湛山
（1932年頃）

の三つを挙げた。これらの主張は、ケインズ経済学流の発想にほかならない。

注目すべきは、ケインズの代表作『雇用・利子および貨幣の一般理論』（一九三六年刊行）はこの段階で、まだ世に問われていなかった点である。湛山は「ケインズ自身の考えは、僕はあとで知った。だから、理屈というもの……同じところへ入れば、

偉い人も偉くなくても結論はあらかた同じところへいくものです」と回顧した（『座談』二九頁）。さらに湛山は、一九三二年一月二三日号『新報』の「論説」で、インフレーション政策を論じた後に、「近頃英国のケーンズ氏は、以上の私の所論と略ぼ同趣旨の論議をさらに一層精密に其 A Treatise on Money 等に述べておる」と記しており（『全集』八巻、四二九頁）、また、「湛山年譜」によると、一九三二年一月から三月まで、彼はケインズの『貨幣論』を詳細に読んでおり、二月二七日「社内にケインズ研究会」をつくり（『全集』一五巻、三七〇頁）、九月二一日の経済倶楽部講演にも『貨幣論』と『貨幣改造論』を中心にケインズの「通貨統制の思想」を取り上げた。

日本のケインズ

従来、高橋是清の積極財政をケインズ主義の施策と見て、また、高橋本人を「日本のケインズ」と評する論が多いが、以上からわかるように、石橋湛山も高橋に劣らず、「日本のケインズ」であった。

高橋蔵相と湛山

湛山は、高橋是清の側近の大口《おおぐち》喜六《きろく》や、堀切《ほりきり》善兵衛《ぜんべい》代議士らと懇意であり、石橋の政策主張もこのルートで高橋の耳に入っていたと思われる。そのほか、政策建言などで、たびたび高橋蔵相と会っていた。一方、年齢では、高橋は湛山より三〇歳も上の老人で、「だれでもかれでも叱りつけたり」するタイプで、とても平等に政策論争できる相手ではなかった。ただ、傲慢な井上準之助と違い、他人の意見を正面から受け付けないものの、良い物を拒まず「いつの間にか取り入れてやっておる」という公平な面もある。軍部をいじめるなら反動が来るぞ、と気負い立って、湛山の不謹慎を叱りつけた場面もあった、という（『座談』二五頁）。

2　高橋積極財政を支えて

高橋積極財政

高橋は一九三二年四月二五日、日本経済連盟会での演説で、四項目の景気回復政策を、来たる六二臨時議会に提出することを約束した。また、五・一五事件以降、右翼の凶弾に倒れた犬養毅後任内閣（斎藤内閣、一九三二年五月―一九三四年七月）の蔵相として、六月の六二臨時議会において、昭和七年度の予算追加案のほか、公共事業や農村対策の実施を内容とした「時局匡救《きょうきゅう》決議」を採択させ、本格的な景気回復政策に踏み切った。さらに、八月の「時局匡救議会」と呼ばれる第六三臨時議会で、時局匡救のため、新たに一・六億円の予算が追加された。これを六二議会で通過した実行予算と合わせると、前年（昭和七年）度の歳出を五億近く上回る一九・五億円の膨大なものとなり、そのなかの三分の一強にあたる七・七億円が公債の発行によって賄われた（『昭和財政史』第一巻、一三五頁）。また、第六二・第六三の両議会では、公定歩合の引き下げ、日銀制度の改革、資本逃避防止法の公布などの諸政策も施され、高橋積極財政がいよいよ本格的に踏み出すことになる。

高橋財政を支えて

「時局匡救議会」をきっかけに、石橋湛山の高橋財政に対する姿勢が督促から支持に変わり、景気の見通しも明るくなった。以降、一九三六年頃まで、湛山は積極財政論を唱え続けた。

生産公債と不生産公債

一方、積極財政は、軍部の軍備増強に利用される恐れもあり、景気の回復と軍備の増強は紙一重の難しい関係にあった。一九三五年の後半に入ると、相沢事件（皇道派軍人による永田鉄山軍務局長殺害）、政府の「国体明徴」声明や、ロンドン海軍軍縮条約破棄後の問題で軍部の発言権が増大し、陸海軍軍備増強の要求がさらに高まった。この頃から湛山は、「十億軍費」を、現有の産業能力の状況から「極限」とし、これまで一律に論じてきた「公債」も、「直接間接将来の生産を増進すべき用途」に使う「生産公債」と、軍事費に使う「不生産公債」の二種に分け、生産公債のみ必要であると主張しはじめた（『全集』一六巻、二三八頁）。

軍部の強硬主張

一九三六（昭和一一）年度の予算は、大蔵省が財政の生命線を守る最後の予算であった。軍部の強硬主張の前に、高橋蔵相の公債漸減の原則は、破棄せざるをえなかった。財政の暴走を避けようと、老蔵相が必死の声明（一九三五年七月二七日『朝日新聞』）で軍部の予算復活要求を抑え、この内容がマスコミに流れてさらに軍部の激昂を招いた。激しい折衝の末、軍部の要求は部分的に抑えられたが、それでも合意された結果は、二二一・八億円という空前の膨大な予算であった。

馬場準戦時財政

一九三六年の二・二六事件で、高橋蔵相は反乱軍の凶弾に倒れ、代わって軍部の要求を背負った「革新」蔵相の馬場鍈一《ばばえいいち》が登場した。馬場は東大出の大蔵官僚だったが、蔵相就任前、勧銀の総裁を務めていた。もともと正統的な均衡財政論者で、井上準之助の金解禁政策も支持した。が金解禁後の不況を見て立場が豹変し、満州事変後、国防の充実を唱える積極財政論者になった。馬場は就任早々、高橋が死守した公債漸減の方針を放棄し、増税、低金利政策を眼目とする財政大綱を発表して「準戦時財政」を発足させた。一九三七年度予算の作成にあたった広田内閣（一九三六年三月―一九三七年二月）は「庶政一新」を掲げ、七大政綱の首位に「国防の充実」を掲げた。一一月二六日の閣議には三〇・四億円という未曽有の膨大な予算が提出され、「談笑のうちに一時間半で承認され」、しかも新規事業額の一〇・六八億円の内、軍事費だけで六・九二億円を占めた（坂入長太郎『昭和前期財政史』酒井書店、一九八八年、一〇六頁）。

「常道」復帰論

馬場財政が始まってから、石橋湛山は積極財政論の筆を納め、財政の「常道」への回復を唱えはじめた。

一九三七年四月、湛山は経済倶楽部の講演で、積極財政政策が「今日では既に其の使命を充分果たし」、「今や反対に財政の縮小が必要視されるに至った」（『全集』一〇巻、三四八頁・三五二頁）と、財政整理、インフレ予防の旗印を打ち出し、金解禁以来、七年あまりにわたって主張してきた積極財政主張は、ここでついにピリオドが打たれた。

3　小国主義の指向

積極財政の評価

一九三〇年代の積極財政は、日本の経済を不況のどん底から救い上げ、アメリカのニューディール以上に「経済的」に成功を収めた（中村政則『昭和の恐慌』小学館、一九八二年、三二九頁）。一方、満州侵略下の軍備拡張も支えた面があるので、その評価は難しい。石橋湛山の積極財政の主張はまた、高橋財政の施策以上に徹底的であったため、これまで石橋の言論を軍事財政への荷担と指摘する論が少なくない。

本論が重要視する経済思想の視野から見る場合、彼の新平価金解禁論、金の輸出再禁止論、インフレ論、積極財政論に見られる共通点は、ケインズ主義的「有効需要創出」の理論であり、その政策的指向も、はじめから対外の侵略拡張ではなく、雇用の創出、遊休生産力の活用による国内の生産力発展、資本主義恐慌の救済にあった。

人中心の国内生産力発展論

湛山は言う。自然資源が欠乏する日本は「今更之に苦情を云い立てたりとて詮方は無い」。日本人はただ日本という「舞台」に立ち、「最善の努力を尽して、其舞台を活用する外ない」（『全集』七巻、一五一頁）と。すなわち、積極財政論は、人間の能動的潜在力の発揮を基本的目標とする国内生産力発展の理論であり、小国主義的経済思想の一部と位置づけるべきであろう。

第三　戦争への抵抗

一　経営者の横顔

1　天性のリーダー

湛山の人物像

経済評論家三宅晴輝《みやけせいき》は、湛山の人物像について次のようにいう。

石橋湛山は積極論者として知られている。……積極そのものであって、積極政策を実行する実践者である。……絶えず、新しいことを計画し、実行し、また新計画を考える。……洞察力豊であり、忍耐力もあり、メソメソしない陽気な面があり、太い線を貫くところ、まことに立役者の性格である。（『中央公論』一九五七年二月号）

湛山は、学生時代から企画力・行動力と組織力の才能を現し、級友会・研究会などの幹事・世話役をして活躍してきた。一方で、宗門出ならではの忍耐・包容力もあり、おおらかな性格と親切で馴染みやすいふるまいも、周りから好かれた理由であった。

そのリーダーシップが遺憾なく現れたのは、一九一七年六月から九月にかけての早稲田騒動のなかである。一九〇七年、総長・学長制の採用とともに学長（総長は大隈重信《おおくましげのぶ》）に就任した高田早苗《たかたさなえ》が一九一五年文相として大隈内閣に入閣すると、天野為之《あまのためゆき》はその後を受け、二代目の学長となった。ところが、翌年一〇月、内閣退陣とともに高田は大学に復帰し、次期学長の座をめぐって現任の天野為之と水面下で争った。この事情が外部に漏れると、二人の下でそれぞれの支持グループが結集され、対立・抗争を繰り返した。このため、大学当局は鎮撫に乗り出すが、高田派寄りの立場をとったため、いっそう抗争を煽ぐ結果になった。九月に入って、大学当局の処分に抗議した天野派は、ついにキャンパスを占拠し、警察沙汰になって都下を騒がせた。騒動自体、一種の校内の権力闘争の色彩を帯びるが、石橋湛山をはじめ多くの若い学生たちは、この時、これを一種の大学民主化のための闘いと思いこみ、勇敢に大学当局に立ち向かった。

天野派の「総大将」

当事者の天野為之学長は、かつて三浦鉄太郎《みうらてつたろう》主幹の恩師にあたり、『新報』の主幹を務めた経歴があるため、東洋経済新報社は当然のように天野派に加わり、石橋湛山も天野派の「総大将」に推され、騒動の要衝に立たされた。牛込天神町の社屋は、まるで天野派の「指令部」に変わり、毎日のように多くの関係者や学生同志が出入りした。「二階の応接間が、ほとんど石橋湛山の部屋のような観を」呈し、「彼は誰に対しても虚心坦懐」で対応し、「ほとんど独力で指導方針を築き上げていった」（尾崎士郎『文芸春秋』一九五七年二月号）。騒動は結局、天野派の惨敗に終わり、大隈重信の忠告で天野が学長の職を辞し、天野派の教授も学生も免職・放校の処分を受け、早稲田を離れた。その後、代表理事（学長格）に就任したのは、高田ではなく、商学部教授平沼淑郎《ひらぬまよしろう》であった。

尾崎士郎との縁

のち、この騒動を『人生劇場』に取り上げた作家の尾崎士郎《おざきしろう》も、在学中、騒動に巻きこまれ、情報を得るため、毎日のように新報社に出かけていった。騒動の敗北で居場所を失い、着の身、着のまま新報社に転がりこみ、石橋編集長に引き取られ社内唯一「文学青年」の記者になったが、結局、酒と遊郭にふけり、「付け馬」（料金の取り立て人に付き添われる）のかたちで同僚に見つかり、退社させられた一コマもあった（『人と思想』二〇四頁）。

種々の世話役

以上のほかにも、石橋湛山は社内外の種々の研究会・読書会・学習会を組織・参加したほか、島村抱月《しまむらほうげつ》の芸術座の評議員（一九一四年）、「自由思想講演会」（一九一四年）、「社会制度研究機関」（一九一五年）、「米穀専売研究会」（一九一九年）、「太平洋問題研究会」（一九二一年）、「軍備縮小同志会」（一九二一年）の幹事・委員・世話人などを務め、一九一九年三月一日、中村《なかむら》太八郎《たはちろう》に乞われて、普選デモの「副指揮者」（実行委員）を務めたこともあった。

その後さらに、金融制度研究会発起人（一九二三年）を引き受けたり、地元（この時鎌倉に住んでいた）の湘南倶楽部常務理事（一九二四年）、鎌倉町町会議員（一九二四年）を務めたり、自らの発案で鎌倉臨海学園を創立（一九二六年）したりして地域活動に貢献した。一方、経済倶楽部（一九三一年）、婦人経済会（一九三四年）の世話人なども務め、戦時下と戦後の混乱時、大蔵省・外務省・商工省など各種の政府委員会の委員も次々と引き受けていた（『全集』一五巻、「年譜」）。

2　多士済々の編集陣

共有制の会社

東洋経済新報社は、創設当時から貸家で不動産など固定資産がなく、会社は創立者町《まち》田《だ》忠治《ちゆうじ》、のち天野為之主幹個人の所有物のかたちをとっていたが、植松時代の一九〇七年、土地購入と社屋新築のため財産権問題が発生し、合名会社に改められた。財産権を四分して、それぞれ植松考昭《うえまつこうしよう》・三浦銕太郎・松岡忠美《まつおかただよし》・松下知陽《まつしたともあき》の四代表の出資にしていたが、「合名」が成り立つための書類上の操作で、社有の事実は変わらなかった。三浦主幹時代の一九二〇年、社屋建て替えの時、株式会社組織に変え、代表取締役専務・主幹の三浦銕太郎に九割五分の株式を保有させた（『百年史』四六、一六五頁）。個人の名義といっても、退社（職）時に社に返還する仕組みであり、目的は社の共有財産の個人化また外部流失を防ぐことであった。この組織形態はその後も続き、太平洋戦時下で軍部に睨まれた時、社長の石橋（一九四一年以降、社則改正により、主幹は社長となる）はたびたび社員会で、「自爆」後の善後策——新報社の土地と社屋を売り払い、その金を「社員の退職金として分け、当分の生活をささえてもらう」——を話した（『回想』二九二頁）。

平等な同人意識

こうした共有主義のもとで、社内では上下関係はなく、同人意識が濃厚で、互いに「さん」と呼び交わし、「石橋も記者なり、われも記者なり」（栂井義雄）と自負する者も現れた（『人と思想』二一七頁）。みんなめいめい、思う存分自分の才能を伸ばしたり、あるいは「縁の下の力持ち」になって自分たちの会社——「東洋山経済寺」——を守ろうとしたりした（『百年史』一六六頁）。一九一八年に入社した高橋亀吉《たかはしかめきち》は、当時の社内状況について「毎回の編集会議には、先輩後輩の差別なく、甲論乙駁《こうろんおつばく》、旺《さか》んに議論が闘わされ、……非常にリベラル（な）空気であった」と回想した（『経済評論五十年』）。

多士済々の陣容

このような自由な環境のなか、経済記者・評論家を志すたくさんの若者が新報社に集まり、多士済々の陣容であった。のちにダイヤモンド社に移り編集長になったベテラン記者の安田与四郎《やすだよしろう》、株式記事や会社評論に腕を鳴らした杉山義夫《すぎやまよしお》・不破棄一郎《ふわきいちろう》、商品記事の専門家小野文英《おのふみひで》などを輩出したが、特に記すべきは、石橋湛山とともに三浦時代の「三羽烏」といわれた野崎龍七《のざきりゅうしち》（一八八九—一九五一）と、高橋亀吉（一八九一—一九七七）の

野崎龍七

存在であった。

野崎は、石橋湛山より一年おくれて入社し、一九一五年、湛山とともに合名社員に加わり、翌年自ら企画した『新報』の別冊付録『株十年』をヒットさせ、三ヵ月ほどで八版まで増刷した（『回想』二五〇頁）。この大当たりで野崎は編集長となり、社の重鎮に躍り出るが、社内における地位でいうと、石橋の下位であった。一九二一年、株式会社へ改組の際、野崎は三人の取締役（三浦、石橋、杉山義夫）から外れ（『百年史』一六四頁）、その不満で退社したと言われる。退社後、野崎はライバル誌の『ダイヤモンド』社に移り、その腕が買われて一九四二年、社長となった。この時期の『ダイヤモンド』（一九一三年創刊）誌は、経済評論界で唯一『新報』と対抗できる雑誌であった。

高橋亀吉との確執

高橋亀吉は、山口県の船大工の家に生まれ、家計が傾いたため、高等小学校卒業後、大阪で袋物問屋の丁稚奉公、朝鮮で商店員などをして苦労を重ねた。のち独学で講義録を履修して早大商科に合格した。卒業後、いったん久原《くはら》鉱業に就職したが、サラリーマンの生活になじめず、一九一八年、先輩の多い東洋経済新報社に転入社した。入社早々の一九一九～二一年、欧州視察に出かけ、マルクス主義に接近し、帰国するや『中央公論』『改造』などの雑誌で活躍し、文名を挙げた。真面目な性格と人一倍の努力家で、東洋経済のリベラルな環境下、メキメキと実力を蓄え、一九二四年に気鋭の編集長に成長した。そのかたわら、『経済学の実際知識』（一九二四年）、『日本資本主義経済の研究』（一九二四年）、『金融の基礎知識』（一九二五年）、『末期の日本資本主義経済と其の転換』（一九二五年）など、次々単行本を刊行し、経済評論家として独り立ちの基礎も整えた。一九二五年初め、三浦主幹の退任に際して、三浦に会い、「他日、私につがすつもりならばいまにしてください」（『百年史』一八九頁）と、専務か、主幹のポストを要求したが、競争相手の石橋湛山に敗れた。いったん取締役の地位に甘んじて、実力による「突き上げ」効果で石橋体制に揺さぶりをかけたが、効果が現れないため一九二六年六月、諦めて退社し、独立の道を歩むことになった。

ライバル同士の関係

こうして新報社の風土は、優秀な人材を惹きつけ、その結合・協力によって社運の向上に貢献する一方、才華に溢れた駿逸同士の抗争・対立の結果をもたらし、人材を社外・社会に輩出するドラマチックな展開を演じた。むしろ、このような人材の入れ替え、結合・離散があってこそ、高橋亀吉・野崎龍七・尾崎士郎のような大経済学者、文豪を生み出したのではなかろうか。

石橋湛山も、決してこうした瑣末な人間関係で友を恨み、排斥したりしなかった。その後一九二八年、第一回普通選挙の時、高橋亀吉の応援演説に走ったり、金解禁論時、高橋亀吉・野崎龍七・安田与四郎らと論陣を張ったりして、かつてのライバル・畏友と終生の友情に結ばれつづけたのである。

3　町の経済学者

湛山の読書術

石橋湛山が、錦糸町の住居から牛込天神町の社屋までの通勤電車のなかで、経済学の原書を独学したことは有名な話になったが、「毎日十ページ」の決心（「年譜」⑮、三五三頁）のように、時間・分量を決め、また、できれば原書から読むのが、勉強のスタイルであった。読書のリストは「石橋湛山年譜」にある記録から一斑がうかがわれる。また、独りで苦学するのではなく、研究会・読書会を組織し、同僚同志を巻きこんで一緒に行なうのも、その特徴である。

各種学習会

一九一三年、湛山が錦糸町から会社に近い原町に引っ越してくると、「田中王堂、杉森孝次郎、関与三郎、植原悦二郎さんなどは、週に一、二回は必ずといってよい程来られて、学問上の研究をよくなされた」と梅子夫人が記す（『人と思想』二三一頁）。新報社内でも、湛山が経済学を勉強する進度に合わせるように、ミル研究会、リカード研究会、マルクス研究会が次々と組織され、昼休憩の時も「食堂会議」と呼ばれる雑話会で、時事政治・経済理論の話題が交わされた。こうした研究会による組織的学習の習慣が、昭和期になっても保たれ、金解禁、インフレの理論、ケインズの財政・金融論が研究・議論されていた。また、理論の研究と並行して、石橋湛山は経済学理論の普及にも力を入れた。昭和期以降、盛んに行なわれた経済講演も、一九三四年頃から湛山の発意で始められた「婦人経済会」も、そのような役割を果たした。

第一線の経済記者として、石橋湛山は毎日のように記事・社説などを執筆し、読んですぐわかるように、「石橋社論には独得の構成と風格とがあった」。後進の指導にあたって、「石橋さんは堂々、足で書け（周到な調査を要す——引用者注）と記者に教え、又聞きや片手で即席に「めい文」を書くことを厳にいましめた」。論敵に対しても、「批評も非難も自由であるが、若し自分が相手の立場に立ったとして自分に出来そうもないことを、それを論敵に求めてはならない」とも言った（『人と思想』二二一頁）。また、謙虚に反対論を傾聴する習慣があり「たとえばインフレ論を主張する場合、大内兵衛《おおうちひょうえ》、有沢広巳《ありさわひろみ》といったデフレ、緊縮論者に会い、親しく反対主張を聞き、それを理解、消化してからおもむろに筆をと」るというように（湛山会編『名峰湛山』一九五七年、一五四頁）。戦時下でも、よく左翼・右翼・軍部の代表を一堂に招き入れ、座談会を開き、東洋経済の主幹室によく出入りした蝋山政道《ろうやままさみち》（東亜協同体論者）、高橋亀吉（統制経済、ブロック経済論者）、伊藤正徳《いとうまさのり》（海軍のブレーン）、脇村義《わきむらよし》太郎《たろう》（マルクス派経済学者）も、このような友であり、論敵ながらの招客であった。

反対意見を拒まぬ

戦時中の一九四四年末、社内の反対を押して斯界一の毒舌家三鬼陽之助《みきようのすけ》を社員として迎え入れ、産業部長の要職まで用意し、かつその記事の内容について、トラブルが起きても、あえて正面から干渉しなかった。

体系なき経済学

『石橋湛山全集』全一六巻の大半は、経済評論であり、生涯にわたって彼は、数千におよぶ経済関係の論文・記事を世に送った。一方、哲学科出身の石橋湛山は、アカデミーで正統な経済学の教育を受けたことはなく、もちろん流派・学閥にも無縁であった。独学で受け入れた知識を、応用に際して自分の理解、社会の現実に即して再発酵させ、その経済評論・政策批評も、理論体系からの展開ではなく、実践にもとづく、独得なスタイルがあった。経済学者中山伊知郎《なかやまいちろう》は石橋湛山を「町の経済学者」、その理論を「体系なき体系」の経済学と称し、ケインズの研究者塩野谷九十九《しおのやつくも》も、石橋を動かしたのは輸入された外国の理論ではなく、「自らの現実認識と予見に基礎をおくジャーナリストとしての実践的英知」（『人と経済』一五九頁）と評した。

実践の経済学

湛山は、各流派の経済学理論を系統的に勉強しても、違う意味でそれを受容し、応用した。代表的な例は、彼が古典経済学の鼻祖アダム・スミスの経済理論を「生産の経済学」と位置づけ、「労働は富なり」の教えを「人生」の「根本的公理」とし、自己流の、人間の内在的能動力を重視する生産力発展論を打ち立てる一方で、同じスミスの自由放任の主張を、貧富の差を生み出す近代資本主義の病原とも見て、ホブハウスの新自由主義、ケインズの国家管理の方法を用いて、それを乗り越えようとした。湛山が見ていたのは経済学の体系・理論の面ではなく、その時の日本という現実であった。

社会問題、都市問題、貧富の不公平という資本主義の弊害現象がモロに出た明治末と大正期、湛山はJ・S・ミル、K・マルクスの理論を用いて公平な分配を唱えるが、資本主義が危機に陥った一九二〇年代から、資本主義救済の意味でスミスの富の理論を盛んに唱えた。また、同じ生産の理論として、彼はスミスの富の理論と同時に、ケインズの雇用論も唱えた。スミスから湛山が汲み取ったのは、労働の価値、富の理論、人間の創意という原理の部分であり、ケインズから受容したのは、資本主義の国家管理、貨幣操作による有効需要の創出（完全雇用）という技術・方法の部分であった。

スミスとケインズ理論の結合

こうして、スミスからケインズへ、経済学説史でいえば相対立する流派にある二巨人の理論を、「労働、雇用」というキーワードの下で巧みに結合させえたのは、領土狭小、資源貧乏、人口過剰という「持たざる日本」と、近代資本主義の構造的危機という日本が直面した二重の矛盾に取り組む社会実践から生まれた、「町の経済学者」ならではの発想ではなかろうか。

4　戦時下新報社の発展

『東洋経済新報社百年史』によると、石橋湛山が主幹に就任した一九二五年頃から、社運がうなぎのぼりの上昇期に入り、社員数は二四年の三六名から四一年の三二四名へと飛躍的に増加し、一九四五年にも二〇九名の数を維持した（『百年史』年譜）。『新報』の販売部数も、一九二六年の五五〇〇部から四五年の二万六三〇〇部に四倍以上伸び（『百年史』三八三頁）、売上も一九二七年の一二万五二五三円から四五年の一二五万七九五三円へ一〇倍に増えた（四三二頁）。

業績上昇の理由について、一九三七年五月号の『社内報』は、本誌の言論・報道に対する社会的信用の向上、および特長とする株式情報・会社情報・商品記事に対する「社会的需要の増大」の二点を挙げているが（四三〇頁）、石橋主幹体制下に展開した積極的経営、販売の努力にも、関係があったろう。一九三五年は『新報』の創立四〇周年に当たり、記念事業として、英文誌『オリエンタル・エコノミスト』（*The Oriental Economist*）の発行、記念号、記念出版事業の企画、関西支局の開設、および本社施設の拡張などが行なわれ、特に後に触れる経済倶楽部の運営と講演会の主催を通じて、これまでの論調、記事中心の経営方針に加え、人脈重視の展開を見せはじめた。記念の特別寄稿、座談を通じて財界の重鎮たち——渋沢栄一《しぶさわえいいち》・志村源太郎《しむらげんたろう》・益田孝《ますだたかし》・高橋是清《たかはしこれきよ》・松方正義《まつかたまさよし》——らを次々と登場させ、「愛読者・深井英五《ふかいえいご》」（日銀総裁）の対談記事も記念号の紙面を飾った（『百年史』四一五頁）。こうした展開は、戦時下における財界からの庇護・支持者層の獲得に一役を買ったと思われる。

『四季報』の貢献

この間、会社は一九三一年、牛込から日本橋に移転し、日本銀行隣の一等地で重厚な新ビルを構えた。また、『四季報』（一九三六年から）、『統計月報』（一九三九年から）のような人気のある定期出版物も次々と企画・刊行され、書籍の出版も軌道に乗った。関西支局に続いて名古屋・神戸・京都・福岡・京城・横浜など、各地の支局の開設も社運の上昇に貢献した。

収益の公平分配

収益について、石橋湛山主幹は、伝統の「共有主義」の原則に基づいて、所有者の全員に配った。一九三九年八月の社員会で、次のように石橋が言う。

当社は株式会社だけれど資本家はいない。だから利益があればそれは社員一同に分配する。古くから居るとか、仕事に依るとか、能力、経歴等に依て無論俸給には差等があり、分配は多少違ふ。併し株主配当と云ふものはない。私始め誰れも定つた俸給等の外、余分の物は取らない。ただ仕事の性質上、利益と云ふものは大してない。併しあれば公平に分配する。（『百年史』四三一頁）

経済倶楽部の設立と発展

また、会社の発展について触れておきたいのは、経済倶楽部の開設と経済講演の流行である。これまでの新報社は「超然と牛込の奥に引っ込み、天下を論じていたかっこうで、財界の有力者に知り合いは、ほとんどなかった」。そのうえ、金解禁論争で蔵相井《い》上準之助《うえじゅんのすけ》を激しく攻撃したため、井上を支持する財閥との関係も疎遠であった。経済倶楽部の設立は、こうした、言論のみの孤立した立場を打開するための試みでもあった。

たまたま、一九三一年六月、新築した新報社屋に埋まらない空きスペースがあり、これを有効に利用する案に、経済倶楽部のプランが浮かび上がった。湛山と前主幹三浦銕太郎が綿密に話し合った結果、経済倶楽部を発足させることになった。この組織は経済・財界人を中心にした社交団体であるが、「研究の場」としての性質を持ち、講演会などの定期的活動が行なわれた。

鐘紡の武藤山治《むとうさんじ》の仲介で、まず三井財閥（有賀長文《あるがながふみ》・団琢磨《だんたくま》）との関係を疎通し、また金融制度研究会関係の財界人瀬下清《せしもきよし》（三菱銀行）、杉野喜精《すぎのきせい》（山一證券）らの協力を得て「たちまち相当数の会員が出来た」。一九三一年六月一〇日、新報社の創立者だった町田忠治農相を議長にして創立総会を開き、七月、東京電灯の重役森賢吾《もりけんご》を中心に財界の座談会を開き、華やかなスタートを切った（『回想』二七四頁）。経済倶楽部はその後、新報社の地方支局の開設とともに地方に末端組織を伸ばした。『百年史』には、一九三五年から三九年にかけて、関西支局の拡充・移転に続き、名古屋、神戸、京都、福岡、京城、横浜の六大都市に支局が次々と開設され、これに合わせて六つの経済倶楽部が設立された。支局の開設と経済倶楽部の設立は車の両輪となって、当社の発展に寄与した。経済倶楽部の設立熱は地方都市へも波及し、広島、両毛《りょうもう》（三八年）、佐世保、札幌、函館、熊本、浜松、小樽（三九年）、大分（四〇年）にもつくられ全国の会員数は四〇年末には、約七〇〇〇名に達した。この勢いは終戦まで衰えず、四一年以降も新たに二七ヵ所につくられ、戦前のピーク時には四四ヵ所を数えるほどになり、これを束ねる機関として経済倶楽部中央会が四二年に設立された。倶楽部の運営は、支局がある場所では支局長が倶楽部専務理事を兼務し、それ以外のところでは地元有志の自発的運営にまかされた。おおむね地元の銀行または商工会議所に事務局が置かれ、講師は東京の経済倶楽部から紹介された。（『百年史』四一九頁）

とある。

経済講演の流行

経済講演は、一九二八年からの金解禁問題への関心とともに社会的需要が高まり、新報社も自らの主張と影響を広める意味で「さかんに諸所で講演会を開き、その方でも断然世の先頭に立った」。石橋湛山とともに「高橋亀告、小汀利得《おばまとしえ》、山崎靖純《やまざきせいじゅん》、勝田貞次《かったていじ》

金解禁問題での講演旅行

1932年１月12日，宇治山田五十鈴川神橋畔にて撮影．左より，阿部嘉蔵（東洋経済新報社関西支局長），小汀利得（中外商業新報〔現日本経済新聞〕経済部長），石橋湛山（東洋経済新報主幹），森田久（時事新報経済部長），山崎靖純（読売新聞経済部長），高橋亀吉（経済評論家）．

らの諸君が、そのころから、ずっと続いて最も人気のある経済講演者であった」。

『東洋経済新報』の講演会スタイルは、料金を徴収することで真面目な聴衆を選択することであるが、それでもいつも満員の盛況ぶりであった。経済倶楽部が成立してから、定期の講演会が主要な活動として催され、政界・財界など各界の名士を招き入れ、最新の情報と高レベルの話を社会に提供した。その後、前記の各地経済倶楽部と地方支局が増えるにつれて、講演会は全国に広がり、主幹石橋湛山も年に数回、地方各地行脚《あんぎゃ》の講演旅行に時間を費やした。やがて、商工省・文部省・大蔵省など政府各機関も後塵を追って講演会を各地で催し、民間人の石橋もその仲間も動員されるようになった。「かくて昭和一四年（一九三九）ころは、講演会全盛時代を出現したかに見えた。私も、その年には、経済倶楽部の分までをあわせると、百回以上の講演をした」（『回想』二六四頁）。

湛山の講演記録

『全集』第一五巻の「講演記録」を見ると、一九三九年は九六回、四〇年は五九回、四一年四三回、四二年は四二回、といった具合。場所は地方の経済倶楽部、商工会議所のような経済組織が中心であるが、他に地方公会堂・大学・新聞社・小学校・寺院もあった。演題も一様ではなく、経済予測・時局問題・金融・物価・思想問題・歴史・外交と多岐にわたる。常に石橋湛山とともに行動した宮川三郎の話によると、講演会はいつも満員で、私服警察が来ても、湛山は臨機応変、巧妙な話術でかわし、隙を見せなかった。言論統制の厳しい太平洋戦時下では、講演数は年二〜三〇回ほどでいく分減り、ほとんど経済倶楽部内の講演に限られ、話題も経済展望・経済体制に集中した。

こうした各地の経済倶楽部を通じた盛んな講演活動は、『新報』の経済主張の宣伝効果とともに、財界と政府部内に人的つながりが作られたことで、『新報』の戦時下の発展と言論統制下の「安泰」に、陰ながら重要な役割を果たした。

二　世界経済の原則堅持

1　ブロック経済批判

貿易による「間接利益」論

一九三一年九月の満州事変以降、日本は満州地域の資源と市場の独占を企《たくら》み、国際経済体制から後退していった。恐慌下にあって、財界も経済界も、「満州景気」の出現を期待して、軍部の侵略行動を是認する論が多かった。こうした満蒙《まんもう》における日本の特殊権益に期待した世論に対し、石橋湛山は、政府と軍部が「満蒙に於ける我権益乃至其処《ないしそこ》に存在する資源の価値を、余りに高く買かぶり、見当違いの皮算用をしている」、満蒙は「所詮支那人の満蒙であって日本人の満蒙ではあり得ない」と主張し、満州を世界経済の体制下に復帰させ、貿易を通じて「間接の利益を占むる」ことこそ、日本のとるべき政策と主張した（『全集』八巻、五三一―五四四頁）。

経済のブロック化

一九三〇年代の世界は、ブロック化時代として特徴づけられる。第一次世界大戦後における各国の国家主義的政策の強化と、軍事的立場からの自給政策の実施、および世界大恐慌による国際自由通商体制の崩壊などの原因により、一九三〇年以降、英・米・

仏・独・ソ・日など強国を中心に、経済のブロック化が進んだ。

ブロック経済論の席巻

このような背景のもとで、日満ブロック経済論は、財界・経済評論界にもてはやされ、世界的経済危機の進行、満州事変後の日本の国際連盟脱退（一九三三年三月）などの客観情勢に促され、いっそう強くなった。この理論は、やがてナチス・ドイツの広域経済（Gross-raumwirtschaft）、アウタルキー（自給自足）の経済理論と合流して国策化され、東亜協同体・大東亜共栄圏を支える戦時経済の御用理論へと変貌を遂げていく。

こうしたブロック経済論の時代に、湛山はあくまでも自由貿易・国際分業の理論を堅持し、ブロック経済論を批判して世界経済論の立場を守りつづけた。

東亜モンロー主義

一方、東亜独占の野望を抱いた日本は、アジアでの覇権を目指して自らを孤立の道に追いやった。一九三四年四月、日本は天羽《あもう》声明によって「東亜モンロー主義」を世界に示し、一〇月、海軍軍縮会議の予備会談を決裂させ、一二月、ワシントン条約の単独廃棄をアメリカに通告した。さらに、列強の在華経済勢力の排除を狙って一九三四年一一月、満州国石油専売法を公布し、翌年初め、日米仏三国対華財政共同援助の建議に反対して計画を座礁させた。

ブロック経済論批判

ますます険悪化に向かう日本の国際的地位を改善するため、湛山は満州国際開放論を唱え出し、真っ向から日満ブロック経済論を批判した。一九三四年六月、彼は、『婦人之友』に文章を寄せ、「東亜モンロー主義だとか、何々ブロックだとか」と付和雷同する国民の「悪い性癖」を戒め、八月に刊行する著書『我国最近の経済と財政』（平凡社）に「経済の国際性」の論文を再録し、ブロック経済は戦時の「変態的経済」下の一時的な産物とし、世界経済こそ経済の常態であると主張した（『全集』一六巻）。

門戸開放論

一一月の満州国石油専売法の公布に対して、英米蘭が抗議し、国内では反英米の世論が高揚した。湛山は、「之ばかりの事で英米蘭との抗争する如きは愚の骨頂で」、むしろこれを機会に、我が国民が「日満経済ブロックの思想と門戸開放主義との関係」について再考する必要があると建言し（『財界概観』『新報』一一月三日号）、一一月二日、自ら新報社で「門戸開放問題座談会」を開催した。ブロック経済論を支持する意見が多いなか、「門戸閉鎖主義」への批判は、清沢洌《きよさわきよし》（一八九〇―一九四五）、三浦銕太郎、三宅晴輝など湛山の盟友らによって、曲がりなりにも堅持されたのである（『新報』一九三四年一一月一七日号）。

一九三六年八月、広田弘毅《ひろたこうき》内閣のもとで大陸・南方への進出と軍備充実を内容とする「国策基準」が制定され、日本の国際的地位がますます険悪化した。湛山は八月末、『新報』社説で国際親和論を唱え、また、国際不安の根本原因たる「経済的帝国主義」を排除するため、次のように主張した。

蓋《けだ》し満州及び支那の門戸開放こそ、其の唯一の重大なものであろう。云う迄もなく満州国も中華民国も何れも厳乎たる独立国で、我が植民地では断じてない（中略）若《も》し我が国が東亜に於ける其の政策を開放主義とし、之を提《さ》げて世界全体の開放を主唱するならば、記者は必ず世界を我が指導の下に動かし得ると確信する。（『全集』一〇巻、一〇二頁）

満洲・華北国際開発論

一九三七年七月七日、北平（北京）郊外の盧溝橋《ろこうきょう》において日中両国軍隊が衝突し、政府と軍部の侵略政策のもとで、戦火はたちまち中国の華北・内陸に飛び火し、八年間に及ぶ日中全面戦争が勃発した。戦局が一段落した一九三七年末頃から、湛山は緊張化した日本の国際環境を改善するため、満州・華北の国際開発論を展開し、経済面で外資の導入を契機に列国との関係修復を期待した。

米財界に打診

外国資本の反応を探るため、湛山は英国の金融界に対華投資の意思を尋ねたほか、一九三七年一二月、米国の日刊経済新聞ジャーナル・オブ・コマースの主筆のボーゲン氏に「米財界は北支経済開発に資本を投下する用意ありや」と打診電報を送った。ボーゲン氏より前向きの返事を受け取ると、新年早々『新報』において外資導入論を展開していった。一月八日の社論「戦局の大段落と今後の我外交の要訣」で湛山は、対華二十一ヵ条要求、または日清戦後の三国干渉の例を取り上げ、日本の権益独占の利己的行為は、

「結局大損を招くもと」になると指摘し、今度の日華事変に際して「宜しく大いに支那に於ける利益を世界に分配せよ。之を我国が独占せんとするが如き考へを抱いてはならぬ。今後の外交の基本基調の一は茲《ここ》に置かれねばならぬ」と力説した。

戦争の長期化

日中戦争の情勢は、湛山の希望に反して、一九三七年一二月、南京陥落後も止まることなく、山東作戦（一九三八年一月）、徐州会戦（四月）、武漢攻略戦（八月）へと拡大の一途をたどった。これにより長期戦の泥沼に陥った日本の経済と財政事情はますます苦しくなり、戦争遂行のため、国家総動員法の施行、重要物資の国家統制など、ファシズム的戦時体制の整備が余儀なくされた。同時に、支配下の満州・華北の経済資源・生産力も日本の長期戦争の計画に組み入れられ、外国資本の満州・華北流入の途が事実上閉ざされてしまった。

一九三八年一〇月一四日、国際連盟との協力関係の中止が閣議で決定されたのに続いて、一一月三日、日本の東亜独占の野心を示した近衛文麿《このえふみまろ》（一八九一―一九四五）首相の「東亜新秩序声明」が発表された。日本帝国主義が東亜の門戸を完全に閉鎖しようとするこの矢先に、まるでその行為に挑戦するかのように、石橋湛山は『新報』に、「門戸開放主義の再検討」の社論を送り出し、「我が力に依って開放し得べき門戸は、速《すみやか》に之を開放すると共に、世界的門戸開放主義を主張すべきである」と主張した（『全集』一一巻、七七頁）。

身内の転向と湛山の孤立

ちなみに、「東亜新秩序声明」を支えたのは、地域分割主義を主張した昭和研究会の「東亜協同体」論であり、この時期、かつて湛山と行動を共にした経済評論家の高橋亀吉も山崎靖純もブロック経済論者に転向し、東亜協同体論の鼓吹者に変わった。高橋は、満州事変後まもなくブロック経済論に転向しはじめ、一九三八年以降、昭和研究会内の「東亜ブロック経済研究会」に加わり、近衛文麿のブレーンとなって『東亜経済ブロック論』（千倉書房、一九三九年）を書き、「東亜に於ける新秩序の建設」を提唱した。同じく「東亜ブロック経済研究会」の中心メンバーの山崎靖純も、この時期、雑誌『評論』（山崎経済研究所刊）を拠点に盛んに東亜協同体論、ブロック経済論を唱えていた。

「東亜新秩序」否定

湛山の世界経済論は、かつての仲間の変節でますます孤立するが、彼は決してそのために筆を折ることをしなかった。近衛首相の「東亜新秩序声明」に対し、湛山は、「概論すれば其の起草者は徒《いたずら》に美辞麗句の羅列に苦心し、肝心の内容を具象的に表現する用意を怠った」と「失望」をあらわにし、また、具体的に声明の中心となった「日満支三国」の「互助連環」論に対し、互助連環の関係は「敢て日満支三国の間に限るべき問題ではない。……我が国は……同時に亦英国とも米国とも仏国とも乃至《ないし》其の他の総ての国とも互助連環の関係なしに、此の世界に共に住むことは出来ない筈である」（『全集』一一巻、八五頁）と「東亜新秩序」の主張を否定した。

満鮮視察と植民地経営失敗論

その後、湛山は、「東亜新秩序」の実態を把握するため、一九四〇年四〜六月、一ヵ月半にわたって朝鮮・満州の農業・工業の実態を視察し、帰国後「満鮮を視察して」の題目で報告を『新報』に連載し、翌一九四一年二月に、それをまとめて『満鮮産業の印象』を単行本として刊行した。

湛山はこの本で、日本の植民地開発経営面の種々の困難な現実を取り上げ、政府の移民・農業開拓政策、および資源収奪政策の失敗を指摘し、「私は、満州で率直に話して来たのでありますが、満州の産業は、我が国や、又満州で、一般に考えているように、決してそんなに有利ではありません。……十分に認識して掛らないと、飛んだ間違を生ずるだろう」と結論し（『全集』一二巻、四八四頁）、日本軍部・政府、また大多数の国民が抱いた東亜ブロック経済の幻想、東亜新秩序の神話に冷たい水を差したのである。

満人は満州国の主人

植民地経営に否定的な湛山の意見は、新京（長春）で、関東軍将校との間で激しい口論を展開したと同様、この満州無用という主旨の本にも、関係者からたくさんの「小言」が寄せられ、ことに石橋の「満州に土地無し」の主張には抗議が集中した。これらの攻撃に対して湛山は、「折角の御注意ながら、それを其の儘《まま》受け容れるわけには参らぬ事項」もあり、「私の見解に依れば、それは却《かえ》って注意者の誤り」である、と突っぱねて下がらなかった（『全集』一二巻、三九〇頁）。この本を通じて、湛山はまた「満人は満州国の主人」であると唱え、日本のとるべき態度は「取るよりむしろ与えるものを多くすべし」と示した。

2　地域主義の否定

フンクの広域経済論

一九三九年九月、ナチス・ドイツのポーランド侵攻によって第二次世界大戦が始まり、ヨーロッパ戦線における独軍の順調な進撃は日本国内の親独論を沸騰させた。短時間での独軍完勝を見越して、地域主義・広域経済論を中心とする戦後世界秩序の研究も、にわかに盛んとなった。一九四〇年七月、ドイツ経済相フンク（W. E. Funk, 一八九〇―一九六〇）の戦後大欧州ブロック経済構想（＝広域経済論）が発表されるや、日本国内では大反響を呼び、東亜協同体論、ブロック経済論の御用学者から一斉の喝采を受けた。

この風潮に対抗して、湛山は戦後構想における「枢軸同盟の一本槍で行く」危険性を示し、また「来るべき世界機構の問題」（五月三一日号）などの社論で、イギリスとアメリカの戦後構想を紹介した。

「広域経済と世界経済」

一九四一年五月から七月にかけて、湛山自ら「広域経済と世界経済」と「百年戦争の予想」という長編社論を執筆し、ドイツ経済相フンクの広域経済論を槍玉にあげ、暗に日本の共栄圏経済論も批判した。

分業の利益と世界経済

湛山は、経済法則からみれば、地域間の経済はかならず世界経済にまで拡大すべき必然性があるが、広域経済論者はこれを無視し、貿易と経済を世界の一部、一地域に限定しようとしている。これは「経済発達の原則に戻《もと》り、過去の歴史の逆転である」と批判した。また国防の見地からいくつかの広域経済圏が同時に並立する困難を説き、ドイツの広域経済は結局自分のみの経済地域をつくり、他の経済圏を認めないという、「甚だ利己的な」結論に到達せざるをえない、と分析し、日本の「大東亜共栄圏」思想について、他地域圏との「共存共栄」を図る点で、「公平ではあるが、具体的な思索を未だ欠けるものと云わねばならぬ」と批判した（『全集』一二巻、二〇一―二一二頁）。ここで湛山が提示した未来の経済構図は、結局、「分業の利益」という経済基本原則の上に建てられた「常に一体として組織せられるべき運命をもつ」世界経済そのものであった。

世界経済の三分化

一九四一年一二月八日、日本軍の真珠湾攻撃によって太平洋戦争が勃発した。アメリカの参戦で世界全体が否応なく戦時の統制経済体制に巻きこまれ、自由貿易と「分業の利益」を謳う世界経済の原則が形骸化し、世界三分化の広域経済――欧米圏、大ドイツ圏、大東亜圏――は理論ではなく、事実として現れた。また、太平洋戦争下の強化された言論統制の下で、これまでのような、広域経済、「大東亜共栄圏」の批判論はもはや存立しえなくなってしまった。

このような困難な局面において、湛山の抵抗は、大東亜共栄圏理論の正面否定ではなく、「畢竟《ひっきょう》大東亜共栄圏と申しても、世界の一部です。……したがって大東亜共栄圏は単にそれだけで考えることなく、常に世界新秩序の一環として観念することが必要です」(『全集』一二巻、一三二頁)と、世界秩序中における「大東亜共栄圏」の理論に姿を変え、さらに一九四三年一一月「大東亜共同宣言」にある「大東亜各国は万邦との交誼を篤うし人種的差別を撤廃し普《あまね》く文化を交流し進んで資源を開放し以て世界の進運に貢献す」との条文を巧みに利用して「茲に旧来の大東亜共栄圏の思想は、是非共世界共栄圏の思想にまで発展しなければならぬ必然性が生じた」(『全集』一二巻、五二九頁)と解釈し、暗に「大東亜の小天地に踊躍」する日本の共栄圏理論を批判したのであった。

「世界共栄圏」へ

三　自由主義の堅持

1　治安維持法違反容疑事件

「言論の自由」を要求した湛山は、社員に対しても同様な態度をとり、決して思想的な強制を行なうことはなかった。このデモクラティックな社風のせいか、当時の社内に「アンティファッショの気質が板について居り」（「編輯室より」『新報』一九三二年五月二八日号）、また、共産主義に同情し、あるいは共産党の組織と関係する人も多くいた。

新報社内の共産党シンパ事件

このため、一九三二年一〇月頃から翌年にかけて行なわれた第四次共産党検挙（「新生共産党事件」）の波紋が新報社にも及び、わずか七〇余名の社員のなかにも、一九三二年、岩崎英恭《いわさきひでたか》・小熊孝《おぐまたかし》・栂井義雄《とがいよしお》らが官憲に追われて姿をくらましたのに続いて、三三年五月に、大原万平《おおはらまんぺい》・根津知好《ねづともよし》・前田潔巳《まえだきよみ》ら六名の若い社員も、『赤旗』購読および共産党活動資金の提供などの罪に問われ、堀留警察署への出頭を求められた（『百年史』四〇九頁）。この事件は当時、「日本橋の某会社」の共産党シンパ事件として、各新聞に大きく取り上げられた（『時事新報』一九三三年八月七日）。

言論の絶対自由

もともと共産主義の論理に賛成しなかった湛山ではあったが、言論の自由を主張する立場から、当局の共産党弾圧を批判した。第四次共産党検挙のさなか、経済倶楽部の講演会に司法次官の皆川治広《みながわはるひろ》が招かれ、「思想問題判断の鍵」という題で講演を行なった。湛山は、その「思想の根底を征服する手は思想を以てするの外なし」という講演の趣旨（『新報』一九三三年一月二八日号「経済倶楽部だより」）に共鳴し、『新報』に社説を出し、「有らゆる思想に、思いの侭《まま》の勝手の議論をさせるが善い。而して其自然淘汰に依って、正しきは社会に取り入れられ、誤れるは棄てられる」と、「言論の絶対自由」を重ねて要望した（『全集』九巻、五頁）。

寛容な処置

社内の共産党シンパ事件の処理にも、社会の各方面からの圧力に抗して、寛容な処置をとった。事件が発生した後、石橋主幹は、当事者らに対し寛大な処置が取られるよう、前後して藤沼（庄平）警視総監と阿部特高課長を尋ねて陳情し、不起訴、「不拘束のまま」の取調べで事件を片づけた（『石橋湛山の思想史的研究』三〇三頁）。

事件後、八月九日に開かれた「社員午餐会」で、湛山は一人で事件の責任を負い、「九九匹の羊をすてておいても、一匹の迷う羊を救わなければならない」という聖書の言葉を引用し、社内の不満、社外右翼からの「ゆすり」に抗して「全員を再び社で働いて貰う」裁断を下した。シンパ事件に関係した人たちは、その後、自主退社を除いて、ほとんど従前のポストに戻った（大原万平談、一九八七年八月一〇日、筆者取材）。

2 自由主義とは何か

ファシズム批判座談会

思想面において十五年戦争期を通して転向せず、全体主義・ファシズムに対抗して自由主義・個人主義の牙城を守りつづけてきたのも、石橋湛山の戦争抵抗の一側面である。

一九三二年三月一五日、湛山は横行するファシズム思潮の本質・現状を把握するため、新報社で「ファシズム批判座談会」を催し、社会民衆党の書記長赤松克麿《あかまつかつまろ》、雑誌『祖国』の主幹北昤吉《きたれいきち》、代議士中野正剛《なかのせいごう》、『日本評論』主筆室伏高信《むろふせこうしん》らファシズムの同情者、および長谷川如是閑《はせがわにょぜかん》・松岡駒吉《まつおかこまきち》らファシズム反対論者を招き、意見を戦わせた。五・一五事件直前の社会思潮を反映するかのように、席上、資本主義の否定、ファシズムへの同情論が座談会の大勢を占めて、文字通りの「批判」にはならなかった（『新報』三月二六日号）。この必ずしもファシズム「批判」とはいえない座談会も、当局からの厳しい検閲を受け、速記録の各所に伏字（××）印が見られ、意味不明の箇所もあった。また、座談会企画段階の三月一二日号、『新報』は、「不幸にして其筋の命により第五、六頁を削除するの止むなきに至」る処分も受けた（「編輯室より」『新報』三月一九日号）。座談会の計画を嗅ぎつけた検閲当局の事前の警《いまし》めであろう。

五・一五事件論評

湛山がかねてから心配していた政党政治・資本主義経済組織を覆すファシズムの国家改造運動は、杞憂ではなかった。一九三二年五月一五日、一部の青年将校が首相官邸を襲い、犬養毅《いぬかいつよし》首相を殺害した。湛山は、このファシストによるクーデター計画事件を生成した「社会的原因」を、言論自由の欠如、指導者の無能、および経済界の不景気の三点に求め、「景気の振興」を問題解決の急務とする一方、「ファッショ的な超政党内閣論」の躍動を警戒し、「最も強力なる内閣は、善かれ悪しかれ、また好むにせよ好まぬにせよ、最も責任の明確なる単一政党内閣の外にない」と明言した（「犬養首相横死」『全集』八巻、八二頁）。

最後の自由主義座談会

「天皇機関説」事件（一九三五年）以降、自由主義の言葉でさえマスコミに見つけることが困難となった。このような時節下、一九三五年一〇月、石橋湛山の企画で「自由主義を語る」と題する座談会が新報社で堂々と行なわれた。戸坂潤《とさかじゅん》・室伏高信・清沢洌・赤松克麿・杉森孝次郎《すぎもりこうじろう》・加田哲二《かだてつじ》・蝋山政道・今中次麿《いまなかつぎまろ》・大島豊・長谷川如是閑ら、自由主義者・国家社会主義者・マルキシストの言論人・学者・社会活動家が一堂に集まり、二回にわたって論議を闘わせた。論争を通じて自由主義の定義を明らかにし、誤解を避け、自由主義論争に新たな「出発点」を与えようとするのが、企画者石橋湛山の意図であった。

出席者の立場がまちまちであったことにより、自由主義への評価はさることながら、「自由主義とは何か」という座談会の主題に対しても、必ずしもまとまった認識がえられなかったが、二・二六事件の前に設けられた、自由主義に関する言論界全体の最後の討議であるだけに、その意義は大きい。

デューイの自由主義

注目すべきは、湛山がこの会で、自由主義擁護派の清沢と組んで座談会の基調を設定し、司会の誘導、また座談会特集の編集を通じて、つとめて前述した「新自由主義」の概念を前面に打ち出そうとしたことである。会の席上、清沢はジョン・デューイの「社会的統制」を認める自由主義を提起し、湛山もこれに呼応してホブハウスの「パーソナリティーのセルフ・ディレクティング・パワー」を強調し、「正しき自由主義」の主張を貫いた（『新報』一九三五年一〇月二六日号）。会後に組んだ『新報』特集記事では、デューイの最新作『自由主義と社会行動』（一九三五年・大島豊訳）が紹介され、また、翌年五月刊行した『自由主義とは何か』（座談会の速記録）の序文にも、湛山は、「ジョン・デューイの自由主義論は発展的自由主義論の代表的なものである。併せ読まれたならば、現代の自由主義論を理解するに足るであらう」と記した。

3　全体主義と個人主義

一九三七年七月、日中全面戦争が勃発してから、近衛内閣が国民の戦意高揚をはかるため、「挙国一致・尽忠報国・堅忍持久」のスローガンを掲げて、滅私奉公の国民精神総動員運動を発足させ（九月）、翌一九三八年四月、国家総動員法を制定し、総力戦体制の構築を急いだ。戦争遂行という至高の目標のもとで、内務省・文部省の傘下で、町村長会・在郷軍人会・婦人団体・青少年団・産業団体などが加盟する国民精神総動員中央連盟が成立し、出征祈願・勤労奉仕・消費節約などの協力運動を繰り広げた。挙国一致の全体主義思潮が流行し、個人の利益・自由が厳しく制限された。

このような時流に対して湛山は、「全体」に対して「個」の強調、また、歪曲された自由主義に対する「正しい」解釈を通じて、自由主義・個人主義の陣地を守ろうと努力した。

「正しい個人主義」

国民精神総動員運動が盛んに行なわれた一九三七年一一月、湛山はクラーク博士を偲ぶ機会を借りて、「正しい個人主義」の真義に根ざす博士の教育精神を称え、今日の世界は、「また個人主義思想に一顧を与えて善い時代にあるかに見える」と、「個人主義」の必要を提起した（『全集』一〇巻、五二二頁）。翌年、総動員法制定直後に書いた「公益増進には個人の私利心の尊重を要す」の社論でも、私益と公益の相塡補・作用する関係を論じ、「唯《た》だ個人の私利心を排撃すれば、公益を増大し得る」という「誤認」を批判した（『全集』一一巻、六六頁）。

全体と個人の関係

全体主義の理論を哲理面から撃破するため、湛山は一九三八年九月、「全体主義と個人主義」という長編講演文を発表し、全体主義を「日本の国体に合致する」ものとして迎合する「危険至極」の傾向を指摘したうえで、哲学の角度から、「一」と「多」の関係を通じて、個人と全体の両者の有機・作用的関係を説き、全体主義への傾倒の不可を論じた（『全集』一一巻、二七一頁以下）。

親独外交批判

一九三九年八月末、日本国内の親独論を裏切るかのように、「独ソ不可侵条約」が突然締結され、人びとを驚かせた。湛山はこの機会を利用し、すかさず全体主義への反撃に転じる。九月二日号『新報』社論「独逸の背反は何を訓《おし》へるか」で、彼は独ソ不可侵条約の締結は、「醜陋《しゅうろう》の媚態を呈する」日本の親独外交に対する神意の「天譴《てんけん》」、「古往《こおう》今来《こんらい》」の「恥辱」、「世界に顔向けならぬ大失態」と厳しく論難し、この外交失態の責任は、臆面もなく全体主義を賛美した日本の政府と国民自身にあるとし（『全集』一一巻、一〇二頁）、また、今日において「或外国人をば鬼畜の形に描き、又他の外国人をば神仏の姿に写し、之を宣布し、信ぜしめんと努力している者が、果たして無いと云えるであろうか」と、政府の言論統制、軍部の宣伝を非難し、同時にこのような「謬見《びゅうけん》」に対し、あえて訂正しようとしない言論界の姿勢を叱咤した（「幕末の攘夷運動」『全集』一一巻、五二三頁）。湛山はまた、言論の自由は、国民の「批判の能力を養い、其の見解を偏らしめず、均衡を得た輿論を成立せしむる」（『全集』一一巻、一〇五頁）ための重要な保障であり、現下の日本において、言論は「殆《ほとん》ど絶対に自由にして、何の差支《さしつかえ》もあるべき筈は無い」（「言論報道の自由」『全集』一一巻、五二七頁）、と喝破した。

この親独論批判の社論は、検閲当局から「削除処分」を受けたが、処置に憤慨した湛山は「日本遂に救ふべからざるか、恐《おそれ》むべし」と日記に書き記した（『石橋湛山の思想史的研究』四八七頁)。

4　太平洋戦争下の自由思想論集

思想論集『人生と経済』

太平洋戦争期に入ってからも、湛山はこうした「正しい」自由主義的立場を守りつづけた。一九四二年一〇月に刊行した哲学・思想論集『人生と経済』は、彼が自分の自由主義・個人主義の信念と理解を広く世間にアピールする書物である。湛山は序文に、自らの哲学・思想的立場と「個人主義観及び全体主義観」を次のように記した。

「私が、西洋の個人主義或は自由主義等と呼ばれる思想の影響を多分に受けて育ったものである」、「親炙《しんしゃ》し得た優れた幾人かの師のたまもの」により、「私は幸にも、其等《それら》の思想を正しき意味に於て理解する術を早くから知った」。

全体と個人の関係

「社会と個人、さらに広き辞を用いれば全体と部分、此等《これら》は決して別々の存在ではなくして、一つの物の二つの面、若《も》しくは二つの作用である。……此等の二つは、相対立しながら、互に補完して、全一の実在を成すのである」。

「個人主義が尊重する個人は、即ち此の全体と対立する個人（部分）である。同様に全体主義が力説する全体は、部分（個人）と対立する全体である」。「従って此の二つの思想は、全体と部分とが対立する概念であるが如くに対立するが、同時に亦《また》全体と部分とは互に補完して、全一の実在を成すが如くに補完して人生に役立つのである」(『全集』一二巻、六〇一―六〇二頁)。

これは、すでに繰り返してきた石橋湛山の「新自由主義」に対する解釈で、個人と全体の有機・作用的関係を重視する田中王堂の哲学であった。

王堂哲学の真骨頂

この本が刊行されたのは太平洋戦争下で、自由主義・個人主義者が厳しい弾圧を受けて転向したり、姿をくらましたりした時代であった。あえて厳しい言論統制が敷かれたこの時期に本を送り出したのには、実は別の理由があった。

これより一年ほど前から『新報』は「自由主義」を主張したとして、出版検閲当局である情報局に睨まれ、用紙制限などの外部圧力が強まった。社員が座談会の依頼を陸軍の某少佐に伝えると、「石橋のような国賊と同席できるか！」と怒鳴られたりするほどであった(『人と思想』二一八頁)。一度、自爆して社屋と土地を売って社員の退職金にすることも、湛山は真剣に考えていた。

社内の反乱

一九四一年七月二四日、湛山は根津知好(編集局長)より「出版文化協会にて予の社説広域経済論が問題になれる旨」の報告を受け、続いて七月二六日号の『新報』は、湛山執筆の論文「理由不明の内閣変化」が削除処分にあった。同時に政府内部で「東経の性格」を論難する「若き官吏」がいる旨の報告も、山中湖に滞在している湛山の手元に届

三浦鉄太郎（左）と湛山（右）
経済倶楽部幹事室にて（1940年3月）

いた。この社内の危機を利用して、かねて人事面で石橋体制に不満をもっていた古参幹部の一団は、出版文化協会の意向をうかがって、湛山の退陣を迫った。

八月七日、山中湖から帰った湛山は、出社するや、内山徳治《うちやまとくじ》（調査局長）から「結局予が社を退く事が此の時局を乗り切る所以なり」と勧告され、翌日、根津知好との会談でも、同じような意見を聞かされた。さらに、神原周平《かんばらしゅうへい》（関西支局長）と内山・根津三人が、三浦前主幹を訪ねて、石橋社長の追放を直訴した。

圧力に屈せず社内機構改革

湛山はこの社内外からの圧迫に屈せず、八月二七日、三浦と打ち合わせ、まず首謀の「神原を退社せしめる件」を決定し、続いて三〇日、内山と根津と会談し「編集部機構改革を宣言」した。九月三日、湛山は局部長および次長を召集して社内の「一部の者の策動」に注意を与え今後の経営方針を「宣明」し、また翌日人事異動を行ない、神原と根津を「社長室附け」の閑職に据えた。九月八日、佐藤伊兵衛《さとういへい》（元名古屋支局長）編集局長が着任した際、湛山は臨時社員総会を開いて人事異動の「趣旨」を説明し、また、九月一二日から自ら編輯室に出向き、慣れない佐藤の指導にあたり、ようやく社内の危機を乗り切った。

難局を乗り切る

その一方で、湛山は増え続ける外部からの圧力に対して、柔軟に対処していた。七月一六日、湛山は「花蝶」（料亭）に辞職勧告を出した出版文化協会の飯島《いいじま》（幡司《まんじ》）会長と田中（四郎）次長を招待し、同二五日同じ場所で「内山《うちやま》（鋳之吉《いのきち》）内閣情報部情報官及厚東《ことう》（常照《つねあき》）航空局長（ママ）」をもてなした。九月二四日、おそらく用紙制限の緩和を求めるためであろう、湛山は自ら「出版文化協会飯島会長に提出する陳情書」を起草し、また、神原・根津・内山ら六名の退社の辞表を受理した際も、用心深く「情報局の意向」をうかがった。さいわい万事がうまく運び、一一月四日、湛山が「花蝶」で出版文化協会の田中次長を招待したのを最後に、ついにこの人事・政治の両面に絡んだ複雑な社内紛争を落ち着かせた（『石橋湛山の思想史的研究』三五二〜三頁）。

全体主義への警鐘

湛山はその後、社内で言論方針と経営体制を立て直すと同時に、論集『人生と経済』の刊行の機会を借りて、自らの自由主義の立場を明らかにし、「自由主義を知らずに論じている者」に答えを与えることとした。この本には、広い意味において、太平洋戦争下の盲目的・挙国的全体主義の礼賛に警鐘を鳴らし、良心ある国民の反省を求める意図があったであろう。

石橋湛山と東洋経済新報の活動は、その後も政府内務省・軍部に監視され、一度、東《とう》條《じょう》英機《ひでき》首相からも「好ましからぬ雑誌」だと、警保局長の町田金五《まちだきんご》に注意したことがあった（『回想』二九三頁）。この危機も、湛山の柔軟な姿勢や、長い間築いた政府内・財界の人脈、まわりの良識の理解者たちに守られ、戦時下の難局を乗り切り、『新報』は「四頁雑誌」のごとく痩せたものの（実際は八頁か、一六頁）潰《つぶ》さずに済んだのである。

私は予て自由主義者である為に軍部及び其の一味の者から迫害を受け、東洋経済新報も常に風前の灯の如き危険にさらされている。併し其の私が今や一人の愛児を軍隊に捧げて殺した。私は自由主義者ではあるが、国家に対する反逆者ではないからである。（『全集』一三巻、二二八頁）

これは、一九四五年二月、南方で戦死した次男和彦の一回忌の湛山の言葉で、自由主義者と日本国民の狭間で揺れ動く、戦時下での湛山の複雑な心情のスケッチであった。

四　戦後研究

言論統制が敷かれた戦時下、自らの世界経済の理論を主張できなかった湛山は、戦後経済体制の理論研究を通じて、この主張を伸張しようとした。

「月曜評議会」

一九四一年三月、湛山の発案で、新報社に「月曜評議会」（正式名は「評議員会」）という組織を設け、清沢洌・伊藤正徳《いとうまさのり》・蠟山政道・鮎沢巌《あゆさわいわお》ら、リベラルな在野の学者を集めて「東洋経済新報の論陣」へ参入させた。この組織は、のちに戦時下の『新報』の政治・外交・経済の理論研究に大きく貢献することになる。

一九四二年一一月一四日、湛山は世界経済調査会主催の戦後経済体制に関する「世界経済理論発表会」に出席したあと、中山伊知郎《なかやまいちろう》（東京商大教授）、難波田春夫《なにわだはるお》（帝大教授）らが示した共栄圏経済理論を、「時局迎合」の理論として非難したうえ、「今後日本乃至世界の経済、政治、文化を指導する思想を打樹てることが、矢張り我々に課せられた使命」と、「戦後研究」を進める抱負を示し（『全集』一二巻、五六七頁）、その後、一九四三年四月から五月にかけて、六回にわたって「戦時戦後の企業形態」、七月上旬に二回にわたって「戦後経済の基礎理論」の講演を行なった（『全集』一五巻、二〇二頁）。

戦後研究の模索

九月六日、新報社の月曜評議会で、湛山は清沢に「戦後問題に関する研究」を依頼し（清沢洌『暗黒日記』）、一一月二五日、大東亜相青木一男《あおきかずお》に招かれた機会を利用して、さらに政府内に戦後研究機構の話を持ちかけた（『暗黒日記』）。こうした準備の末、一九四四年六月二七日夜、清沢の企画で「戦後の日本の外交政策」と題した研究会例会が催されたが、清沢の予想ははずれ、「この信ずべき人々の間でも、「日本が、もし敗れたらば」といったような前提の下には何人も話さな」かった（『暗黒日記』一九四四年六月二八日）。

しかし、まもなく転機が訪れた。一九四四年八月二一日から一〇月七日まで、米・英・中・ソが参加したダンバートン・オークス会議が開催され、一〇月九日、戦後の国際連合の基礎を築いた国際連合案が発表された。この動きは湛山を鼓舞し、いままで押し進めてきた戦後研究を一段と前進させたのである。

ダンバートン・オークス会議

ダンバートン・オークス会議が進行中の九月下旬、湛山は『香港東洋経済新報』（『新報』の姉妹誌、一九四四年六月から敗戦まで香港で発行した月刊誌）に社論「戦後対策を論議せしめよ」を書き、連合国側の戦後研究の動向を紹介したうえで、日本での「官民協力」による戦後問題の研究を、公然と呼び掛けた（『全集』一二巻、五五四頁）。この後、石橋湛山主導の戦後研究は、主として外交および経済の両面において、また「民」と「官」の両サイドで展開されていった。

清沢洌の戦後世界秩序論

外交面では、湛山の盟友であり社外評議員の清沢洌が主導し、『新報』を発表の場として、戦後の国際連合案（ダンバートン・オークス案）の評価をめぐって展開した。よく登場した人物には、国際法学者の横《よこ》田《た》喜《き》三郎《さぶろう》（一八九六―一九九三）がおり、理論の焦点は、戦後の国際秩序が「地域主義か、国際中央主義か」であった。

一九四五年二月、清沢がこの研究を土台に「世界秩序に対する私案」を『新報』に発表し、国際連合の原案に理事会権限の縮小、国際調停裁判所の創設、資源開放、産業的帝国主義の排除などの修正を加えた修正案をまとめた。このなかには、原案の第一条にある世界平和の理念を訴えた部分を修正せず、全部取り入れていた。

大蔵省内の「秘密委員会」

清沢・横田の研究と違って、石橋湛山の戦後研究は、戦後経済秩序の構築を中心に展開していった。彼は財界の人脈を生かし、一九四四年一〇月、石渡荘太郎《いしわたそうたろう》（一八九一—一九五〇）蔵相に働きかけ、大蔵省総務局内に非正式の「秘密委員会」（正式名は「戦時経済特別調査室」）を設けさせた。メンバーには荒木光太郎《あらきみつたろう》・大河内一男《おおこうちかずお》・油本豊吉《ゆもととよきち》・井上敏《いのうえとし》夫《お》・工藤昭四郎《くどうしょうしろう》・難波勝二《なんばしょうじ》など学界・財界人と大蔵官僚らが集まった。世話人は、大蔵省の総務局長山際正道《やまぎわまさみち》（一九〇一—一九七五）であった。委員会は、主に戦後日本の領土範囲問題、人口、物資、諸統制の存否などの経済問題、世界平和機構問題について討議し、ほぼ週一回の会合で、翌一九四五年三月末頃まで活動を続けた。石橋は、この会のもっとも重要かつ熱心なメンバーで、会が稼働した約半年の間、毎回のように会合に参加した。

敗戦は前提

注目すべきは、この時期、彼の関心はもはや戦後の領土問題ではなく、敗戦と「四つの島」からの再出発を前提とし、目標は、戦後の平和的世界経済を指導しうる「世界経済機構案」の練り上げにあった。

戦後の世界経済秩序

一九四四年一二月二六日、湛山は、自らの「世界秩序案」を国際関係研究会で報告した後、『新報』に「政治と経済」の論を載せ、経済国際化の特殊性を強調して、政治と経済の分離を唱えた。「政治的な解決は期待出来ないので経済的方面から解決しよう」（『暗黒日記』）という。この論は、戦後の国際経済連合を作るための基礎作業であった。

「世界経済機構案」

『石橋湛山日記』によれば、一九四五年三月に入って「特別調査室」は週約一回のペースで会合を重ねていく。一三日、大河内一男の「ナチの戦後経営案の報告」に続いて、二〇日も「大蔵省戦後〔時〕経済特別調査室会合有り」、二七日の会合には、石橋による「統制経済」の報告があった。日記に見える同調査室会合についての記録はここまでである。さらに関連事項を調べてみると、四月一六日から二五日にかけて、湛山は「大蔵省戦時経済特別委員会」の報告を執筆し、六月四日には「夜デモクラシーの存立条件につき取り調ぶ、世界平和機構案起草の為め」という記述がある。

空襲の激化とともに会合が困難となった三月末、調査室は締めくくりの研究報告（立案）を一番熱意を見せた石橋湛山に委託した。日記に記した案の執筆の期間からみて、四月末の発表に備えていたようだが、内閣の更迭（四月七日鈴木貫太郎内閣成立）、会合の中止、さらに四月二八日には新報社の横手（秋田県）への移転などの事情が重なり、発表の機会を得なかった。その後六月一九日、石橋は「大蔵行政委員会」の会合のため上京し、六月二七日「広瀬蔵相及び山際次官招待、八時頃まで」と日記に記しているが（『日記』上）、この案を新大蔵次官の山際正道に手渡したかどうかは不明である。結局、湛山の戦後研究の集大成である「世界経済機構案」は、戦乱のなか、誰の目にも触れられないまま葬られてしまったようだ。再び公になったのは、一四年後の『日本経済の針路』（東洋経済新報社、一九五九年）の出版によってである。

経済面の国際連合

案は日本の敗戦を前提としており、ドイツの広域経済論の批判を踏まえ、将来「世界を一国家となす」理想像を提示するものであった。即時実行が不可能な現状を鑑み、湛山はさしあたって「政治的には現在の国境を維持しつつ、経済的には可能な限りまた必要の限り世界一体化の方法を講ずるより外はない」と提言している。具体案は一一条から構成されるが、骨子は「世界経済連盟」という国際経済組織の新設によって地域間と国際間の経済調和を図るものである（『全集』一二巻、二五五—二五八頁）。

構想中の政治的国際連合案に対して、湛山の案は、経済的国際連合案というべき性質をもつものだった。

湛山は転向したか

湛山の戦時下における活動に関して、今まで多くの見解が示されている。戦時下の石橋は、小日本主義の原則を堅持し、「芸」的抵抗を成し遂げたとする論がある一方、満州事変以降、石橋（『新報』）の帝国主義批判論は「転換」、「屈折」したという指摘があり、また、抵抗したのならなぜ潰れなかったかと、戦時下東洋経済新報社の「安穏」を不思議がる論もあった。さらに最近、石橋の経済合理主義の利己性を指摘し、結局石橋の世界経済論は、欧米帝国主義と同じように、中国に対する「経済的侵略」ではないかとの指摘も見られる。

戦時下抵抗の評価基準

以上の諸論に対して、私は共通議論の土俵をつくるため、「戦争抵抗」について三つの評価基準を提示したい。

一、経済評論家としての彼は、流行した戦争のための経済理論であるブロック経済・広域経済の論者だったのか。

二、政治面で、彼は地域分割主義の東亜協同体論・大東亜共栄圏論の支持者だったのか。

三、思想面では、彼は戦時下、日本全体を靡かせた国益至上の全体主義に賛同したか。

文面上の用語・修辞における平板な比較より、この経済論、政治的立場および思想的本質を表す三つの基準から、戦時下石橋湛山の真骨頂をくみとれるのではなかろうか。

第四　小国復興の理念と実践

一　更生日本の針路

1　「更生日本の針路」

新報社の戦争被害

戦争は、東洋経済新報社に大きな災難をもたらした。社員全体の一八％にあたる社員が軍に応召され、一六名の犠牲者を出し、なかには石橋湛山の次男、編集局員の和彦（二五歳）もいた。和彦は、いったん入社した後、海軍主計中尉として南太平洋のクェゼリン島に赴任し、一九四四年二月六日、戦死した（『百年史』四七九頁）。また、一九四四年二月二五日の空襲で、神田分工場と下請鉛版工場が全焼し、三月一〇日の大空襲で芝区西久保にある湛山の東京宅も被災した。湛山は東洋経済新報社に入社後、しばらく都内での貸家生活を転々としていたが、病弱の子供たちの健康上の理由で、一九二二年から環境のよい鎌倉に家を構えた。焼けた東京宅は、いざという時の「自爆」に備えるため、

湛山と家族

左より長女歌子，夫人うめ，長男湛一，次男和彦，湛山．この写真は1940年元旦に撮影されたもの．なお和彦は，早稲田大学卒業後，1942年に海軍経理学校に補習学生・見習尉官として入校し，翌年卒業．海軍主計中尉としてマーシャル群島クェゼリン島に赴任し，1944年2月6日に同島にて戦死した．

一九四二年購入したものであり、のちには同志が集まる「研究所」として、また、書籍・資料の保管庫として使用された。夜勤が多いため、通勤の便もあった。被災によって書籍や原稿・日記など、多くの重要書類が灰燼に帰した。

横手支局への疎開

雑誌の刊行を続けるため、石橋社長は本社の一部と印刷工場を秋田県の横手町に疎開させ、買収した旧出羽日報社の社屋と設備を利用して横手支局を開設し、『東洋経済新報』を刊行しつづけた。

無益な戦争を一日も早くやめさせるため、湛山は「武器増産の必要」を説いて婉曲に軍部の「竹槍戦」の馬鹿らしさを難じ、また、鈴木貫太郎《すずきかんたろう》内閣の書記官長迫水久常《さこみずひさつね》にも「早く戦争をやめるようにという意味の手紙を持たせて」、早期終戦を訴えた（『回想』二九七頁）。迫水は、大蔵官僚だった時代から湛山と知り合い、この時、終戦工作とポツダム宣言受諾詔書の起草責任者だった。

敗戦を迎える

一九四五年八月一五日、六〇歳になった石橋湛山は、疎開先の横手で日本の敗戦を迎えた。午後三時、彼は横手経済倶楽部の有志を支局に集め、新事態につき講演した。題は「更生日本の針路」であった。戦争に対する抵抗の姿勢を貫いた湛山にとって、この日の到来は驚きでもなく、悲しくもなかった。日記には次のように記している。

考へて見るに、予は或意味に於て、日本の真の発展の為めに、米英等と共に日本内部の逆悪と戦ってゐたのであった。今回の敗戦が何等予に悲みをもたらさゞる所以である。（『日記』上、八月一八日）

「更生日本の針路」

翌八月一六日午後、湛山は町役場で「われわれの取るべき方針について」語り、同趣旨の講演は、八月二二日、秋田 魁《さきがけ》 新報社と、帰京後の八月三〇日、経済倶楽部でも行なわれた。この一連の講演を土台に、湛山の時局対策、戦後再建のプランが次第に形作られた。彼は八月一八日から、「更生日本の針路」というタイトルで『新報』社論を執筆しはじめ、一二月一日号まで、のべ九回にわたって連載した。

人の頭脳による再建

初回において湛山は、敗戦のこの日は「実に日本国民の永遠に記念すべき新日本門出の日」であると評し、新日本建設の動力源は「人の頭脳」であり、いかなる悪条件の下でも、「科学精神」に徹すれば、「更生日本の前途は洋々たるものあること必然だ」（『全集』一三巻、六頁）と唱えた。

再建への義務

その後、湛山は、戦後処理、復興、再建のさまざまな問題を取り上げ、自主的・積極的な生産活動の再開を主張したり、国際貿易と「国内の産業の能率の増進」によって、領土縮小と人口過剰のハンディを克服できると主張したりして、「国民の工夫と努力」を根幹とする復興策を唱えた（『全集』一三巻、四九頁）。また、食糧難の問題に対して、外国からの援助、国内市場の調節、生産者側の協力などの具体的方法を示したうえ、さらに国民全体の再建への責任感・義務感の喚起を要請し、「デモクラシーの真髄は国民各自が皆等しく政治の責任を負うにある。権利と共に義務を顧みるにある。個を主張すると共に全体を尊重するにある」と、戦前からの、「正しい個人主義」の理解をあらためて述べた（『全集』一三巻、七三頁）。

2　戦後改革とＧＨＱへの建言

戦争責任の追及

帰京後の湛山は、記者として多くの論稿を『新報』に載せる一方、敗戦処理問題での諸発言を通じて、戦前からの旧体制を批判し、政府の戦争責任を追及した。

敗戦後、東久邇《ひがしくに》内閣（一九四五年八月―一〇月）が成立し、終戦処理を進める一方、「国体護持」に終始し、改革の姿勢を見せなかった。戦時中に収監された政治犯・共産党員が釈放されず、旧治安維持法、言論出版統制の諸法令（新聞紙法・国家総動員法・不穏文書取締法など）も引き続いて機能した。警保局・警視庁・特高警察など旧内務省の弾圧機構も温存され、戦争の責任者も法外にいた。そのうえ、占領軍のごきげん取りに慰安（婦）施設の提供を企画し、政府の金で「特殊慰安施設協会」（ＲＡＡ）を設立させた。

この計画に対し湛山は、「畢竟《ひっきょう》それは自己の道徳の低劣を表示する外の何者でもなく、日本を世界の物笑にするに過ぎない」と警告した（『全集』一三巻、一四七頁）。「一億総懺悔」のスローガンに対しても、国民総懺悔の前に、「満州事変、支那事変、大東亜戦争等が如何なる経過で起こったかの真相を赤裸々に発表し、而して今回の敗戦に至った責任の所在を明らかにすることは……是非共必要である」と、政府上層部の責任を追及した（『全集』一三巻、三五頁）。

「近衛公に与う」

幣原《しではら》内閣（一九四五年一〇月—一九四六年五月）時、新憲法草案作成のため、近衛文麿《このえふみまろ》が内大臣御用係に任命された。この決定を知った湛山は激憤し、自ら「近衛公に与う」社説を執筆（一〇月一二日）、改憲任命の「拝辞」とともに、「支那事変以来経歴せる一切の事実を公表し、軍国主義者の罪を明らかにすると共に、併て閣下の罪を天下に謝」するよう、迫った（『全集』一三巻、五八頁）。

「靖国神社廃止の議」

また、軍国主義の象徴である靖国神社の処置に対しても、ＧＨＱの改革指令より先んじて、「靖国神社廃止の議」（九月二六日）を執筆し、「大東亜戦争は万代に拭う能《あた》わざる汚辱の戦争として、国家を殆《ほとん》ど亡国の危機に導き」、この神社が存続する場合「後代の我が国民は如何なる感想を抱いて、其の前に立つであろう。ただ屈辱と怨恨との記念として永く陰惨の跡を留むるのではないか」と神社の廃止を提案した（『全集』一三巻、五五、五六頁）。

各種政府委員会

戦後の再建・復興建設を促進するため、湛山は複数の政府機構（委員会）に身を置き経済・財政・金融・労働などの諸問題について直接の建言を行なった。委員会の名を時期順に並べると、

1 大蔵省塩増産本部総会
2 大蔵省戦後通貨対策委員会
3 金融学会川北委員会
4 商工省生活必需品増産本部総会
5 商工省参与会
6 外務省経済局経済委員会
7 日銀金融制度調査会第一部会
8 外地閉鎖事業処理委員会
9 神奈川県労働争議調停委員会
10 無名会（のち戦争責任問題研究会→内外法制研究会）
11 日本税務協会
12 企業経済調査会総会、企業経理調査委員会一般部会
13 学振委員会

など、一三を数える（『日記』）。

クレーマー大佐の信頼

また、GHQ内の経済科学局（ESS）長クレーマー大佐（R. C. Kramer）にも信頼され、ESSに対して定期的に調査・報告書を提出し、民間人として政府とGHQの戦後改革にさまざまな意見・要望を提出していた。クレーマーは「第二次大戦前、ベルジング・ヘミングウェー会社社長やギンベル・インターステート百貨店重役などを歴任」した経済通であり、従軍後も、補給関係の仕事を担当した。会社経営の時期から新報社の英文誌『オリエンタル・エコノミスト』の愛読者であり、それが媒介となり、来日してまもなく、新報社との関係が結ばれた。湛山はいう、

昭和二十年九月三十日、招かれて私は、経済科学局長のクレーマー大佐と、司令部で面会した。通訳には、鮎沢巌《あゆさわいわお》君が同伴してくれた。大佐のいうのに、自分は久しく『オリエンタル・エコノミスト』の読者だが、この雑誌は、世界一といっては、お世辞になるが、少なくともロンドンの『エコノミスト』に次ぐ経済雑誌である。ついては、今後、そのスタッフを利用して、司令部の仕事を手伝ってもらいたい。

（『回想』三二二頁）

こうして湛山はその後、多くの調査・意見書を提出し、毎週一回、日本の経済事情についての定期報告も行なっていた。また、その見返りとして、経済科学局からも、建物の復興、疎開地からの資料運搬など、多くの便宜が与えられた。

GHQの指令に基づいて進められた戦後改革は民主化・平等化を目指しており、湛山が望むような日本経済の復興・再建を目標とするものではなかった。これに対して湛山は率直な批評・提言を行なった。

農地改革批判

農地改革に対して、のち吉田内閣の蔵相になった湛山は、GHQの改革案は寄生地主制消滅の面では「すばらしき成功」であると認めたが、土地の平均分配の措置を耕地「零細化」の拙策として批判した。

我が農業の能率を高め、生産を増加するのには、……農家戸数を現在の三分の一にも減少し、且つ耕地の整理再配分を断行する要がある。若《も》し此の処置を講ぜず、漫然只《た》だ小規模の自作農を作るとも、何《ど》うして農業生産の増加を期し得よう。（『全集』一三巻、七八頁）

湛山が考えたのは、将来の国際競争に勝ちうる、農業生産構造の根本変革であった。石橋湛山は農地問題の専門担当ではないが、この意見を農林大臣の和田博雄《わだひろお》に伝え、「せめて耕地の交換分合を、これを機会に強行してもらいたい」と希望した。

この件に対して農相の和田博雄が「石橋君は鼻っ柱が強い。……私の専門である農業問題について好んで論争をしかけ、自説を強く押しまくってくるということがちょいちょいあった」と述懐する（『朝日新聞』一九五六年一二月一五日）。

旧財閥を再建に利用せよ

同じように財閥解体論に対しても、湛山は旧財閥を生産復興の中心勢力として利用しようと「解体論」に反対し、その考えを財閥解体政策推進者のクレーマー大佐に直言し、その不興を買ったこともあった。

企業経営権の開放

戦後の小国的再建に欠かせないのは、人間の能動的資源と人びとの復興・再建への協力精神であるが、この人的資源を最大限に引き出すため、湛山は労働運動に対して、消極的「階級対立」の理論と罷業《ひぎょう》行為を戒め、労資協調の方法を唱えた。戦後改革の一環として「労働組合法」は一九四五年一二月に成立し、翌年三月に施行されたが、法の施行に合わせて、湛山は長編社論「産業民主化運動」を連載し、「労働組合と傭主」との協働を呼びかけた。また、労働者の企業経営への責任感と、戦後の復興生産に対する義務感を喚起するため、企業経営権の開放と労働者の経営参加の方法も提言した（『全集』一三巻）。

二・一ゼネスト調停の第一線

一九四七年二・一ゼネストの時、大蔵大臣在任中だった石橋湛山は、政府側の代表として常に労使折衝の第一線で活動し、「話せば分かる」「必要なことは身をもって、こちらから飛び込み語り合うことだと考えた」（『回想』三六〇頁）。また、一月三〇日午前八時、彼はラジオ放送を通じて、政府と国民の敵対関係の解消を懸命に訴えたのであった。

新憲法案評議

日本国の新憲法案は、紆余曲折の経過を経て、三月六日、ＧＨＱの憲法案を基に作成された、国民に公表された。この草案の内容に接するや、湛山は、「憲法改正草案を評す」の社論を執筆し、戦争放棄の規定に関して「曽《か》つて夢想したこともなき大胆至極の決定だ。……記者は此の一条を読んで、痛快極りなく感じた」と喝采する反面、基本的人権保障の内容に関して「国民の権利及義務の章に於て権利の擁護には十全を期した感があるが、義務を掲げることの至って少なきことは、記者の甚だ不満とする所である」と異議を唱えた（『全集』一三巻、八八頁）。湛山は、権利と同時に、復興建設における国民の義務も重要視したのである。

二　政界入りと大蔵大臣就任

1　政党選択の迷い

総選挙出馬

石橋湛山は戦後から、自らの政策・理念に従って日本の再建を指導しようと、一九四六年三月、戦後初の総選挙に際して政界入りを決意し、尾崎行雄《おざきゆきお》（一八五八―一九五四）など有力政治家の推薦をうけ東京第二区から出馬した。その動機について、湛山は次のように言う。

私は過去においても、政界に出る意志があったら、その機会が必ずしもなくはなかった。また、戦争中つぶされていた諸政党が、戦争終結とともに再建運動を始めた折には、私にも、それへの参加をすすめた友人もあった。たとえば社会党の松岡駒吉《まつおかこまきち》君、自由党の植原悦二郎《うえはらえつじろう》君などである。だが、私は政界に出る希望なく、いずれも辞退した。

しかし、一九四六年の総選挙に差し掛かると、その考えが変わった。湛山は続けて言う。過去の日本の政治家の多くは、昭和二十一年一月初めの司令部の指令によって、にわかに追放を受け、選挙に出られなくなった。これは私も、ただ文筆界に引き込んでいる時ではなく、どれほどの働きが出来るかは知らず、一奮発すべき場合ではないかと考えた。さらに、もう一つ考えた。それは戦後の日本の経済である。当時一般の世論は、はなはだ悲観的で、インフレ必至と見るものが圧倒的に多かった。……私は、このインフレ必至論に対しては、終戦直後から反対した。……むやみに緊縮政策を取ったら、容易ならざる結果を生むであろう。これは何とか食い止めなければならぬ。それには、ただ筆や口で論じているだけでは間に合わない。自ら政界に出て、せめて、いずれかの政党の政策に、自分の主張を、強力に取り入れてもらう要がある。これが実は、昭和二十一年の春、立候補した時の私の心情だった。

（『回想』三二八、三二九頁）

この記録からわかるように、一、湛山の立候補は事前準備なしに、にわかに決心したものである。二、直接の動機はGHQの公職追放による、人材、特に経済専門家の不在および、自らの経済構想を政策として遂行するためにある。三、政党の選択は、人脈、主義からではなく、思想の自由、政策執行の便宜から決めたものである。

突然の出馬決定は、公職追放、総選挙の動きという外部条件による要素が大きいが、戦時下と戦後初期の各政府委員会の経験と戦時下から蓄積された財界・政界の人脈も、湛山の立候補に自信と勇気を与えた理由だと思われる。

東京二区は定員一二名に対して立候補者一三四名という激戦区であり、選挙戦を有利に運ぶため、湛山は政党の支援が必要であると認識し、自由党・社会党のほか、民主人民連盟への接近も試みた。

民主人民戦線に接近

社会主義理論家の山川均《やまかわひとし》（一八八〇―一九五八）が主張した民主人民連盟は、旧支配勢力の一掃、民主主義的勢力結集を呼びかける大同団結運動で、「人民戦線」とも呼ばれるように、実質上、社会党・共産党を中心とする左翼勢力の共闘組織の性格を持っていた。

自由主義を貫いた湛山は、戦前から左翼運動とほとんど無縁であったが、この時は、

「専門知識」を持つ知識人として人民戦線側から運動の参加を求められた。この要請を受け入れたのは、立候補の推薦者尾崎行雄の意思に沿うものであると考えられる。

尾崎行雄の推薦状

政界の「元老」で八八歳になった尾崎はこの時、山川の人民戦線の支持者であり、人民戦線世話人会が開かれた三月一〇日、祝賀のメッセージを送っていた。石橋湛山と尾崎とは、軍備全廃、世界連邦主張などの面で共通した点が多く、尾崎宛の推薦依頼において、自ら自由党を選ぶ意志を示したうえで、「民主人民連盟」参加の立場も表明し、「出来れば両者の接近を計り従て先生御唱道の民主主義者の大同団結を誘導致し度く……」（『石橋湛山文書』八一九番）と、自由党と人民戦線の関係を疎通するという抱負を明らかにした。

一方、自由党の選択は、同党の「政策政綱に自分の思想を取入れさせることの出来る余地がある」という判断からきたものであった。湛山が正式に出馬届けを出したのは三月一三日夜であるが、出馬決意の三月五日から一週間あまり、彼を悩ましたのは、社会党と自由党のどちらから立候補するか、という選択であった。

政党選択の苦悩

敗戦直後、湛山は大正時代の旧知植原悦二郎（自由党創立者の一人）から自由党入党の誘いをうけたが、同時に日本社会党顧問松岡駒吉（一八八八―一九五八）からも「副委員長格で入党しろよ、という勧誘」を受けた（「今だから話そう」②『週刊東京』一九五八年、四巻三号）。

「友人関係から言えば、社会党にもあり、自由党にもあります。どっちかと言えば社会党の方が多いかも知れない」（『全集』一三巻、一七五頁）が、しかし日本再建のプランを優先にした湛山は、社会党に飛びつかなかった。当時の情勢では、社会党が政権党になる可能性は薄く、そのうえ、党是に掲げた「社会主義」の理念に対しても、湛山は大きな違和感を抱いた。

社会党をあきらめる

立候補届までの短い間、湛山は新報社の業務組織を利用して、各党の政策・政見の収集・分析を進めた。三月一三日、経済倶楽部の講演会に社会党常任中央執行委員の河野《こうの》密《みつ》が招かれ、政見の聴取が行なわれた。湛山も講演会に出席し、自ら河野密に質問した。質疑を通じて湛山は、社会党の「国営論」は自分の「管理資本主義論」との間に、大きな隔たりがあることを確認し、河野の考えは、「共産党と同じように、やはり古い社会主義の殻を冠って居る。そこへ今私が飛び込んで行ったら私の思想の自由は束縛される危険がありますから、飛び込んで行けない」（『全集』一三巻、一七七頁）と、社会党をあきらめた。

鳩山との意見分岐

一方、自由党にも、湛山が気に食わない点があった。湛山と鳩山自由党の最大の意見分岐は、前に触れた「人民戦線」に対する姿勢にある。鳩山一郎《はとやまいちろう》は二月四日、「民主戦線は天皇制打倒の空気を醸成することを目的としている」もので、「党は絶対にこれに参加しない」声明を発表し（『朝日新聞』一九四六年二月五日）、また、人民戦線と対抗するため、二月二〇日、反共の「独自の民主戦線」の結成を呼びかけ、自由党・進歩党および社会党右派の結集を図った（『毎日新聞』（大阪）、一九四六年二月二一日）。

石橋湛山が人民戦線の発起人になったことは、政治的には鳩山と対立する立場に立つことになるが、鳩山はこの政見の違いをものともせず、再建の知恵を求めて、なお湛山の入党を求めつづけた。鳩山の寛容と「自由にやらせてくれ」そうな姿勢、および次期政権党になる可能性が、湛山をして身を自由党に寄せた理由であった。

協同選挙の内容

注目すべきは、湛山は自由党から立候補しても「人民戦線」と関係を維持し、また、選挙の時点で自由党と結んだ関係は、あくまでも「協同選挙」であったことである。三月一四日、湛山は「午後四時頃山田芳三郎氏の案内にて花村四郎氏及び同氏運動者安藤（章一郎）及び茂木両氏来社、協同選挙につき協議成立す」と記し、その直後、「お茶ノ水体育会館に赴き、民主人民聯盟の世話人会に出席」した（『日記』上）。

「協同選挙」の内容は、人民戦線との関係を持続しながら自由党から出馬する、という内容であった。湛山は、決して自由党と人民戦線に二股をかけるのではなく、「出来れば両者の接近を計り」、民主主義の大同団結を達成したいというのは、最初からの考えであったようだ。

湛山は、自由党から出馬の直後、「協同選挙」の姿勢を変え、人民戦線から離れた。その理由は人民戦線内部の不調和にあり、また、共産党勢力による、石橋湛山のような「専門的知識や技術」をもつ「非団体組織の個人」の加盟への排斥であった。

徳田球一の助け舟

結局、石橋は自由党のバックアップを受け、選挙戦に突入した。立候補の立ち後れに加え、資金・経験の不足、知名度の低さなどのハンディを背負い、苦戦を余儀なくされた。立会演説中、石橋の発言が共産党系の聴衆のやじを受けると、順番を待つ徳田《とくだ》球一《きゅういち》が「諸君、静粛に聞いてください。私は獄中に十八年いたが、その間『東洋経済』を愛読していた。……その『東洋経済』の社長こそ、ここにおられる石橋湛山先生です」と助け舟を出す一幕もあった（『石橋政権・七十一日』二九頁）。

開票の結果、得票数二万八〇四四、東京第二区の第一一位で敗北が確定した（『朝日新聞』一九四六年四月一八日）。

鳩山内閣の頓挫

一方、鳩山自由党が一四〇の議席を確保し、進歩党（九四議席）、社会党（九二議席）を押さえて第一党の地位につき、組閣準備に入った。その直後の五月四日、GHQから「好ましからざる人物である」として党首鳩山一郎に対する追放指令が出され、組閣の計画は頓挫した。

党首不在の自由党は、その後一ヵ月以上にわたってさまざまな組閣工作を試み、ことごとく失敗してしまったが、土壇場で外務官僚だった吉田茂《よしだしげる》を自由党総務会長の座に招き入れ、吉田を首班とする自由党と進歩党の連立政権（第一次吉田内閣）が発足することになった。石橋湛山は、無議席のまま、この第一次吉田内閣の大蔵大臣に選ばれたのである。

1946年５月22日成立の第１次吉田内閣

第１列目左より，一松定吉（国務），斎藤隆夫（国務），幣原喜重郎（国務），吉田茂（内閣総理大臣），植原悦二郎（国務），石橋湛山は３列目一番右．

2　大蔵大臣とその施策

食い物の縁

石橋湛山が吉田茂と「往来」しはじめたのは、太平洋戦争中のことであり、湛山は、食糧配給の時代に二人は互いにご馳走を分け合う、「食い物につながるエン」であった、と揶揄する（『週刊東京』四巻三号）。しかし、本当の原因は、やはり戦時下での自由主義者と反軍部論者の心の通い合いであろう。最初の出会いは、外交評論家清沢《きよさわ》洌《きよし》の紹介により、自由主義者が集まる「国際関係研究会」の会合にあったと思われる。その後、戦後初期一九四五年一一月頃、石橋は戦後処理の事務を扱う「外務省経済局経済委員会」の委員に委嘱され、吉田外相との交流が頻繁となった（『日記』）。

大蔵大臣就任の経緯

吉田茂は「一、金作りは一切やらない、二、閣僚の選考に一切の口出しは無用、三、辞めたくなったらいつでも辞める」と高飛車の態度で自由党首の座についたが、組閣にあたって、政党内の人脈を持たず、政界の事情にも通暁しないので、ほとんど鳩山の意見を丸呑みにした。一方、意地を見せたいのは、大蔵大臣と農林大臣の二つのポストであった。「経済関係の閣僚には、どうしても内外に対してしっかりした人物を据えなくてはならない」という。たまたま大蔵大臣に関して、推薦されたのが懇意の石橋湛山であり、「戦前から自由主義的な経済雑誌『東洋経済新報』の主宰者であったことや、「町の経済学者」として相当な見識の持ち主である」ことから、吉田は「何の躊躇もなく」受け入れた（『回想十年』第三巻、一八二頁）。石橋湛山は五月二二日、親任式の後に初登庁し、翌日、渋沢敬三《しぶさわけいぞう》前蔵相より事務を引継ぎ、執務を始めた。

積極的な財政融資

湛山が大蔵大臣に在任したのは、一九四六年五月からの一年間あまりであり、在職中、自らの積極財政の構想に従い、貨幣の操作による生産力の拡張を図った。インフレの理論は、戦後復興における石橋財政の基本的な政策指導思想で、財政手段（＝通貨膨張政策）を講じて石炭・電力など重点産業の生産回復を刺激し、これを牽引力として生産活動の全面再開を期する主旨の政策であった。在任中、彼は繰り返し均衡財政の常識を批判し、

大蔵大臣 石橋湛山（1946年5月22日）

> 国に失業者があり、遊休生産要素の存する場合の財政の第一要義は、これらの遊休生産要素を動員し、これに生産活動を再開せしめることにあると考える。この目的を遂行するためならば、たとえ財政に赤字を生じ、ために通貨の増発をきたしてもなんらさしつかえがない（『全集』一三巻、

一九二頁）と、雇用拡大を目指す「積極」的予算編成を要請した。

傾斜生産方式

重点産業である石炭・電力・鉄鋼増産のための傾斜的融資（傾斜生産方式）は、石橋財政を代表する施策の一つであった。石炭増産のため、坑木などの生産材料のほか、炭鉱労働者の労働条件・生活を保障するための食糧・地下足袋《じかたび》などの生活物資が必要であった。しかし、戦後の混乱時では物資の調達がなかなかできず、この難局を打開するため、政府大蔵省は「復興金融金庫」（一九四七年一月開業）を通じて重点産業に傾斜的融資を行ない、また、普通の配給のルートではなく、市場原理によってこうした必要な物資を闇市で調達し、現場の労働者に届けた。

終戦処理費の攻防

また、政府予算の編成中、GHQ占領のための支出、いわゆる「終戦処理費」の縮減を強硬に主張したのも、石橋財政の特徴の一つである。就任後二ヵ月あまりの七月二九日、衆議院で行なわれた財政演説中、石橋湛山蔵相は、昭和二一年度の終戦処理費や特別住宅建設資材費をあわせて二〇二億円で、歳出総額五六〇億円の三割六分に達している歪みを指摘し、この部分がいかに政府財政を圧迫しているかを訴えた（『全集』一三巻、一八七頁）。

終戦処理費を削減するため、石橋は政府による工事監督、浪費防止の方法を講じたほか、直接GHQ側と協議し、将校宿舎・ゴルフ場の新設など、不急不要の工事の中止と節約を求めた。一連の折衝の末、終戦処理費の支出が約二割節約できたが、一方で、この熱意は占領軍・占領政策への抵抗とも見なされ、石橋湛山とESS（経済科学局）の二代目局長マーカット（W. F. Marquat）少将との関係が悪化した。石橋蔵相の終戦処理費の対応は、公職追放の遠因の一つになったといわれる。

インフレ大臣の悪名

大蔵大臣一年間の在任中、実績として、石炭の増産の効果や終戦処理費削減の面でいく分成果が見られるものの、インフレによる生産回復という主要施策の面では、必ずしも成功したとはいえなかった。政府による積極的な生産融資は、同時に物価の騰貴を刺激し、一般国民の生活を苦しめたことも事実であった。石橋はこのため占領軍から「インフレーショニスト」の悪名がつけられていた。このほか、戦時補償の打ち切り問題、ゼネスト回避交渉、連立内閣工作なども、種々の理由で挫折したり、本意を曲げたりした結果になった。これらの失敗の面は、石橋湛山蔵相の政策の過失というより、敗戦と占領下の混乱の時代がもたらした結末といえよう。

吉田茂は石橋蔵相についてこう書いた。

「そういう時の石橋君は、持ち前の自信の強さと、積極的な論法とで、石炭問題でも給与問題でも、何にでも身をもって出掛けてゆき、問題を一身に背負ったような格好になっていたが、私の目から見れば、無論頼もしいには違いないのだが、正直に言って何かしら八方破れのような感じがしないでもなかった」（吉田茂『回想十年』第三巻、一九三頁）。ここで、来るもの拒まず、なにもかも一身に引き受ける湛山の姿が見事にスケッチされたのである。

阿部真之助は湛山の政治姿勢について、「サンキューを言わない貴族坊主型」といい、宮川三郎は「熟慮断行、我れ一人でゆくの単騎出陣型」と評した（『名峰湛山』一五四頁）。こうした他人の言動・意見に影響されず、つねに自分の信念を中心に、大胆・無遠慮に行動するのは、政治家石橋湛山の行動パターンであろう。

三　公職追放と訴願

1　不当追放

水面下で追放の動き

鳩山一郎の追放と同じように、蔵相石橋湛山の公職追放も、占領軍側が演じた政治的芝居であった。先述したように、石橋は蔵相在任中、ＧＨＱに対して政策面の対立に妥協せず、堂々と意見を述べ抵抗した。白洲次郎《しらすじろう》の証言では当時、「閣僚と占領軍との交渉に際しいちばん毅然としていたのは石橋さん」であり、外人記者も石橋のことを「ストロングマン」と称した(『人と思想』二五六頁)。その不羈《ふき》の姿勢は、結局占領軍の不興を買い、一九四七年二月、GS(GHQ民政局、民主改革・公職追放担当)による石橋蔵相追放の策動が、水面下で始められた。

流言を一笑に付す

総司令部の内部で石橋追放の動きがあり、今のうちに手を打っておいたらとの忠告や、情報がしきりに湛山の耳に届いていたが、「そんなバカなことがあるものか、相手は民主主義の国だ」と彼は一笑に付していた。「ぼくが追放されるならば、日本のジャーナリズムで一人として助かる者はないはずだ、やるならやってみろ」、湛山は審査の公正さを信じ、自分の潔白さも自負していた(「追放のカラクリ」『週刊東京』四巻五号)。

衆議院議員初当選

こうして湛山は追放の情報を気にせず、選挙戦(第二三回衆議院議員選挙)のため、静岡県に出かけた。二度目の立候補である。前回とは違い、追放中の佐藤虎次郎《さとうとらじろう》(自由党・元清水市長)から地盤をゆずり受け、地元有力者名取栄一《なとりえいいち》(元沼津市長)の全面的サポートを受けていた。選挙の結果、石橋湛山は最高点で初当選を果たしたが、帰京するやいなや、記者団に囲まれ、追放のことで根ほり葉ほり質問された。そしてまもなく(一九四七年五月八日)追放を裏づける確かな証拠書類の写しが、渡辺武《わたなべたけし》大蔵省終戦連絡部長によって密かに渡された。

「今朝ガバーメント・セクションより予に対するパーヂ覚書発せられたりとの報あり。続いて外務省終連より該覚書写到着。理由承認し難し」と湛山は日記に記す（『日記』上）。

追放指令

無実だったため、湛山は手をこまぬいて追放を待つわけはなかった。彼は徹夜でGHQの追放覚書に対する弁駁《べんばく》文を起草し、翌九日、娘婿で外交官の千葉《ちば》皓《ひろし》に英訳させた（『日記』上）。この文書「（五月一二日付）は、芦田《あしだ》均《ひとし》、西尾《にしお》末広《すえひろ》、山崎《やまざき》猛《たけし》ら二二名連署の石橋蔵相追放解除要求文とともに、GSに提出したものの、なんらの効果もなかった」（増田弘『公職追放』一四二頁）。

異例の内閣発表

追放の公式発表は、一九四七年五月一七日である。その前日、吉田首相は内閣書記官長の林《はやし》譲治《じょうじ》を使いにして、石橋に追放の了解を求めたが、もちろん、「理由がデタラメなので」、受け入れるわけはなかった。

翌一七日、吉田首相が自ら湛山と会い、了承を求めたが、湛山は同じようにそれをはねのけた。同日、内閣総理大臣の名義で、石橋蔵相の追放が発表された。理由はSCAPIN（総司令部指令）五五〇号の公職追放覚書のG項（軍国主義的言論）該当であった。本来、公職追放の決定は、中央公職適否審査委員会によって発表されることになっているが、石橋湛山の場合、同委員会の審査結果が「非該当」であったため、内閣発表という、異例のかたちとなった。

2　訴願活動

追放の公表のあと、湛山は理不尽な追放決定に抗議し、また、追放の早期取下げをめざして陳情活動を続けた。五月一七日、湛山は「予のパーヂに抗議の意味を以て」、徹夜で質問書を作成し、吉田総理および中央公職適否審査委員会宛に、それぞれ提出した。

吉田総理への質問書

総理への質問書の内容は、

一、追放は「如何なる事実に基いてかかる宣告をなされたか」、

二、「公職適否審査委員会の審査の結果に基いたものであるか」、

三、「内閣」の名義で発表した追放の決定は、果たして内閣の討議をへたのか、

四、総司令部が内閣以外の組織（公職審査委員会）の決定を修正する「法的な根拠」がどこにあるか、

を尋ねるものであった。「公職審査委員会」に出した質問は、

内閣の「覚書」該当の発表は、該委員会の「審査結果に基づいているものである」か、もしそうであれば、「委員会は如何なる事実に基いて」さような判定を下したのか、

であった（「石橋湛山パージ関係文書」一二・一三、『石橋湛山の戦後』より）。

この質問に対して、「公職審査委員会」は二一日付の返事で、審査に関しては五月二日にすでに「覚書非該当と判定し、即日内閣総理大臣に報告を了した」と答えたが、吉田首相からは何の返答もなかった（『全集』一三巻、二五四頁）。

マッカーサーへの陳情

結局、湛山は、追放が「公職審査委員会」の決定ではない証拠をつかめたが、追放過程でのカラクリや、具体的な「証拠」については不明のままであった。真相を明らかにするため、湛山はGHQの上層部との接触を試みた。五月一九日、彼は戸田豊太郎《とだとよたろう》（日本工業倶楽部理事）を通じて、マッカーサー元帥に「友人諸氏署名の陳情書」を提出し、続く五月二二日、マーカット少将に面会し、「予のパージ問題につき」話し合った。同時に『ニューヨーク・タイムス』の経済記者バートン・クレーンを訪ね、「マ元帥に面会」したい意向を伝えた（『日記』上）。

湛山はこの段階ではまだ、追放はGHQ上層部の意見ではなく、その下の追放担当者の恣意であり、したがって、マッカーサー元帥への直訴を通じて決定を撤回させる可能性があると、信じているようであった。結局、この努力も報われなかった。マッカーサーとの面会申し込みが無視され、書簡・弁駁文への返答も、もちろん一切なかったのである。

片山哲首相への工作

マッカーサー元帥との面会を待つかたわら、湛山は発足したばかりの片山哲《かたやまてつ》新内閣

（一九四七年五月―一九四八年三月）への働きかけも忘れなかった。六月一日、新内閣が発足するや、湛山は「新首相に提出すべき予の追放取消要求書起草」し、翌二日、前記の五月一二日付「審査委員会」宛の「見解書」、羽仁《はに》もと子・植村《うえむら》環《たまき》の懇願書および六月一日付のマッカーサーへの書簡を添付して、片山首相に手渡した。つづく六月四日、湛山は、工業倶楽部で新内閣の芦田均外相や戸田豊太郎と接触し、追放の即時取消を要請した（『日記』上）。

公職を失う

湛山の「即時取消」の要請には、「昭和二二年勅令第一号第三条第二項に依り六月五日には（私の）衆議院議員等の一切の公職を失はなければならない」という、せっぱ詰まった理由があった（「石橋湛山パージ関係文書」一九、『石橋湛山の戦後』より）。

六月四日、つまり石橋湛山が公職資格を失う前日、片山首相の心遣いであろう、公職適否審査委員会事務局長の太田《おおた》剛《つよし》が湛山を訪ね、事情を説明したが、もちろん朗報をもたらすことはなかった。これで湛山の追放早期取り下げの懇願が不発に終わり、公職が解かれた。

請願書類の準備

その後、石橋湛山は上層部への直訴をあきらめ、手続きを踏んで、中央公職適否訴願委員会（以下「訴願委員会」と略称）への訴願を通じて追放の解除を求めた。訴願するには、明確な「証拠書類」や「弁明書」が必要となる。しかし、石橋追放はそもそも水面下の策動で、具体的証拠についてGS側がまったく公表していないので、弁駁に大変な困難をきたした。

焦点定まらぬ弁駁

このため湛山は、「情報調査委員会」（追放ための事前調査組織）が事前調査を行なった、一九三七年から一九四一年の間の『新報』、および英文『オリエンタル・エコノミスト』の記事一二篇の「リスト」（「石橋湛山パージ関係文書」一、『石橋湛山の戦後』より）を新報社から入手し、また、当時の左翼雑誌『真相』第九号に載せた「石橋湛山の戦犯記録」という文章にある証拠論文のリストを加え、さらに戦時下の『新報』の論説から「当てずっぽう」に四二篇を選び出して、弁駁書を作成した。

作業は一ヵ月以上かかり、七月二五日に一応完成を見た。校正・清書済みの書類は同じものが二式作られ、それぞれ新報社の「団体反証」書類、または石橋個人の「訴願」書類として、前者は「中央公職適否審査委員会」へ、後者は「中央公職適否訴願委員会」に提出されたのである（「石橋湛山パージ関係文書」二三、『石橋湛山の戦後』より）。

3　世界に訴えて

追放の論拠をつかむ

この弁駁は、「G項該当」（軍国主義的言論）の証拠がわからないため、焦点を絞りきれず、はがゆい思いを残した。幸い九月一九日、湛山は偶然の機会で、GSの公職資格審

世界の世論に訴える

大蔵大臣退任後の湛山と家族

前列左より石橋佐和子，久美子，敏子（湛一妻），千葉誼子，朝子．後列左より湛山，うめ夫人，千葉歌子，千葉晧，石橋湛一．

査局が作成した追放理由書を、松本《まつもと》重治《しげはる》（一八九九—一九八九）から手に入れた。

GSがでっち上げた追放の理由書を読み終えた湛山は、「予は未だ斯くの如く独断にして悪意に充ちたる文書を内外に亘りて閲読したることなし」（『日記』上、二二七頁）と、怒りを顕わにし、さっそくこれに対する新たな弁駁の準備に取りかかった。九月二二日、湛山が情報主任の「グリーン大佐に面会」し、相談の末、同氏から「予の問題は新聞を利用すべし」とのアドバイスを受け、翌日から弁駁書の執筆を始めた。明確な「証拠」に基づき、執筆は早いペースで進められた。一〇月一日、わずか一週間で湛山は七万字にわたる弁駁書を仕上げ、また、国際世論に訴えるため、英訳作業も依頼した。この弁駁文は『全集』第一三巻に収録された「私の公職追放の資料に供されたと信ずる覚書に対する弁駁」である。

責任はGHQにあり

その後、湛山は『ニューズ・ウィーク』のバックマイヤー氏、『ニューヨーク・タイムス』のバートン・クレーン氏など米人記者と会見し（『日記』上、一〇月二日、一四日）、また新報社から協力を得て、短い期間で弁駁書を活字化し、印刷・製本に回した（ただし、英文の部分はタイプである）。手はずを整えてから、湛山は一〇月二〇日付でまず「弁駁書」を第二回目の訴願書類として「公職適否審査委員会」や同「訴願委員会」宛に送付し、続く二七日午後、日本工業倶楽部において、「日本主要新聞の政治部長」、および「外国新聞通信員」をそれぞれ招き、「弁駁書」を配布し、質問に答えた（『日記』上、二二四頁）。席上、外国の記者団から不当追放の責任者は誰かの質問が出され、湛山はGS局長ホイットニー将軍の名を上げ、またマッカーサー元帥の監督責任も指摘した（住本利男『占領秘録』四九四頁）。

逮捕の噂

このような、追放者によるマスコミの前での大胆な抗議行動が、GHQの逆鱗に触れたことはいうまでもない。すでに、五月追放前後の湛山の抗議は『ニューズ・ウィーク』に報道され、GSはそのため一度苦境に追い詰められたが、その後、とりわけ石橋の活動を厳重に監視し、記者会見の二日前の一〇月二五日、GS側のケーディス大佐はすでに石橋の行動計画を探知し、即日ホイットニー局長に報告した。記者会見の後、一時GHQによる前蔵相石橋湛山逮捕の噂が流され、緊張が走った。「逮捕されれば裁判になる。……こちらに弁解の機会も与えずに宣告したことだし、とにかく弁解できるなら捕ってもよい」（住本利男『占領秘録』四九四頁）と湛山は腹を決めていた。

この二回目の訴願は、一応「公職適否審査委員会」と同「訴願委員会」宛に提出されたが、追放指令の交付からすでに五ヵ月が過ぎ、法的には無効のものであった。これを知り尽くした湛山は、最初から訴願書の効果をあまり期待していなかったようで、GHQの横暴をマスコミ、また世界の世論に訴えることが目的であった。

一方、このようなGHQへの挑戦は、自らの公職追放解除の可能性を絶つ行為でもあった。「民主主義」と「言論自由」の看板のもとで、GHQは露骨な懲罰措置こそ講じなかったものの、目に見えない裏面で石橋の訴願審理に圧力をかけた。

「追放解除」の結論

一九四八年五月一〇日、「訴願委員会」の第一二回会議の審議結果は、石橋湛山の「追放解除」であった。しかし、一年前の追放指定の事態と同じように、「訴願委員会」の結論も、結局GHQには通用しなかった。

五月一四日、湛山は、「訴願委員会にGSより寛大に過ぎるとの非難あり、昨日午後緊急委員会を開催せる由」の報に接し、五月一九日、吉田賢吉《よしだけんきち》訴願委員会事務局長よりの、「ケーデス（大佐、民政局次長）は石橋の解除はＧＨＱにチャレンジするものなりと憤れり」との報告を受けた（『日記』上）。

GHQ不承認

第一次公職訴願委員会の最終結果報告は、五月二〇日付でＧＳに提出され、最終結果は「訴願委員会通過、ＧＨＱ不承認」であった。一方、総理庁から差出された通知書は、「石橋湛山　右者の昭和二二年勅令第六五号の規定により提起した公職資格訴願に関しては、公職資格訴願審査委員会における審査の結果に基づいて覚書該当者としての指定は解除しないことに決定する」（『石橋湛山文書』四四三番の八）であり、ＧＨＱによる作為がまったく見えない。

深いナゾ

現在、公開されたＧＨＱ・ＧＳの文書には、訴願委員会の会合記録があるが、なぜか五月一〇日第一二一回会議の報告と石橋湛山の審査結果報告が見あたらない。湛山の訴願却下は、いまなお深いナゾに包まれたままである。

四　自由思想協会の活動

1　自由主義を掲げて

自由思想協会

石橋湛山は、不当追放を受けた後の約半年の間、訴願・弁駁の活動に専念し、東洋経済新報社の所蔵資料を利用するため、随時社に出入りした。この活動はGHQの監視、干渉によってできなくなり、訴願活動が一段落した一九四七年一一月、あらたな活動の場として「自由思想協会」を発足させた。

「自由思想協会」は、大正期東洋経済新報社周辺の自由主義者の集まりである「自由思想講演会」に倣《なら》って作った組織名である。事務所は貸家で、千代田区駿河台にあった目黒書店ビルの四階にあった。現在石橋湛山記念財団にある「自由思想協会帳簿」の記載によると、賃料は月六〇〇円だった。場所が決まってから、湛山は一一月六日から「自由思想者協会規定」の作成にとりかかり、英文名称を「The Liberal Thinkers Society と決定」(「設立時には、The Liberal Thinking Society と改称」)した(『日記』上)。

「趣旨書」の難航

協会は、湛山が一一月五日に事務所を下見した後、わずか五日で活動しはじめていたが、同日に起草しはじめた「自由思想協会趣旨書」と「規約」（『全集』一三巻）は、前後二週間以上の時間を要した（『日記』上）。このわずか一五枚弱の内容のために、湛山は沈思熟慮、推敲に推敲を重ね、自分の信ずる自由主義の哲理・信念・主張のすべてを集約して、この短い趣旨書に書き留めようと努力した。できあがった「趣旨書」は、自由思想協会の設立目的、性質などを規定するものであるが、同時に湛山の思想・哲学の全般を表す文章でもあった。

戦後社会における「正しい個人主義」

趣旨書には、田中王堂流の「正しき個人主義」の解釈——個人本位の原点、個人と社会との調和を重視する「欲望の統整」、人間の社会生活の実践的効果を重視する価値観——は変わっていないが、戦後混乱期における日本戦後復興・再建の使命に即して、新たな内容が加えられた。「よく思考もせずに」ある政治運動の潮流に身を任す労働運動・左翼政治運動を戒めるため、「良心の自覚」と「判断力」の培養が加えられ、また、「秩序」を保つ民主主義的政治ルールの固守、ストライキなど直接行動に対する自粛要請、社会生産の復興に対する国民全体の協力という、国家に対する国民の「義務」の内容が加えられた。

時代の偏頗を正す中正軸

このように、同じ思想的特徴を有し、同じ思惟方法を用いた湛山の自由主義は、戦前・戦時下で「個」の伸張、全体主義批判を内容とするが、戦後になって「秩序」の維持、「社会」への協力へと、内容が変化した。石橋湛山の自由主義・個人主義信念の転換ではなく、極端な全体主義から急進的民主主義への時代潮流の急転に対する、思想の「中正」を守るための戒めであろう。

2　研究会と講演活動

自由思想協会の研究活動

自由思想協会は、成立してから翌一九四八年四月末までの約半年間ほど活動し、各種の研究会の企画や、多方面との交流が盛んに行なわれ、知識人・政治家・財界人中心の政策研究機関としての機能を果たしていた。

記録に残された研究会だけで一八回を数え、復興金融金庫（復金）理事長の工藤《くどう》昭《しよう》四《し》郎《ろう》「最近の金融情勢」、日本発送電（日発）調査部長の木村《きむら》弥蔵《やぞう》「電力不足問題」、東京商科大学（東商大、現一橋大学）教授の山口《やまぐち》茂《しげる》「通貨発行の限度について」、東大教授の東《とう》畑《はた》精一《せいいち》「農業問題」、農林省食品局長の三堀《みほり》参郎《さぶろう》「食糧事情について」、税制調査懇談会委員の汐見《しおみ》三郎《さぶろう》「税について」、総理府統計局長の森田《もりた》優三《ゆうぞう》「最近の我が統計について」、原子物理学者の仁科《にしな》芳雄《よしお》「原子力に関して」、などのタイトルのように、経済・金融・社会・政治・外交・科学技術など、多様な話題が取り上げられ、議論された（拙著『石橋湛山の戦後』一八二頁）。

湛山自身も研究会で二回報告し、一回目は「時局対策」についての課題の設定・研究の依頼で、二回目は「最低賃金国定及びストライキ禁止案」であった。

趣味と文化人の会合

研究例会のほか、協会事務所で行なわれたほかの会合もあり、生方敏郎《うぶかたとしろう》（小説家、早大の先輩）を呼び掛け人とした文化人同士の会合と、湛山の趣味だった書画の会合「靄々《あいあい》会」と、戦前から湛山が世話人として続けてきた「婦人経済会」などがあった。

生方敏郎、中沢弘光《なかざわひろみつ》（洋画家、日本芸術院会員）、本山荻舟《もとやまてきしゅう》（演劇評論家）、馬場恒吾《ばばつねご》（読売新聞社長）、鈴木文史朗《すずきぶんしろう》（日本ダイジェスト社長）、小汀利得《おばまとしえ》（日本経済新聞社長）、徳川夢声《とくがわむせい》（放送俳優）、岡村千曳《おかむらちびき》（早大教授）、煙山専太郎《けむやませんたろう》（早大教授）、村松梢風《むらまつしょうふう》（文芸評論家）、島村一郎《しまむらいちろう》（代議士）、小峰柳多《こみねりゅうた》、杉森孝次郎《すぎもりこうじろう》（元早大教授）、田中孝子《たなかたかこ》（田中王堂の未亡人）、関為之祐《せきためのすけ》（関与三郎の弟、関書房経営）、猪間驥一《いまきいち》、武林夢《たけばやしむ》（無）想庵《そうあん》（小説・翻訳家）、石井光雄《いしいみつお》（元日本勧業銀行総裁）など、文化人および湛山の旧友らが踵《きびす》を接し、事務所に集まり、散じていった（『日記』上）。

地方講演旅行

自由思想協会時代、湛山の活動のもう一つの重要な側面は、講演と地方遊説であった。『日記』の記録によると、協会が成立してから翌一九四八年八月までの間、湛山は合計四五回の講演を行なっていた。半数以上は戦前からの伝統である、経済倶楽部講演会のかたちで各地の経済倶楽部で行なわれたが、ほかには地方有志・寺院・小学校などの集まりで行なう小規模なものが多かった。監視者に証拠を残さないためか、演題や内容をうかがわせる記録がほとんどない。日記にわずかに記したのは、一九四八年三月二六日—二七日、および四月二三日の三回で、それぞれ「インフレ」および「資本主義と社会主義」の演題であった。

3　GHQからの監視と干渉

特審局への出頭命令と活動自粛

石橋湛山の自由思想協会の活動は、はじめにGⅡ（参謀第二部・情報担当）所管のCCD（民間検閲支隊）による郵便・印刷物の検閲を受け、一九四八年二月以降、公職追放者の行動監視・調査を任務とする法務庁特審局（SIB）の監視を受けた。一九四八年五月からは監視から露骨な干渉となり、五月五日、湛山は出頭命令を受けて、SIB池《いけ》田《だ》保之《やすゆき》事務官（調査課）および監査課長高橋《たかはし》真清《まさきよ》の事情聴取を受けた（『日記』上）。この出頭の場で、石橋湛山は、自由思想協会の活動停止命令を受けたと思われる。同居する令息湛一《たんいち》の話によると、この時期、監視の役人から、政令違反になると「沖縄に重労働につれてゆくことになる」と嚇かしを受けた（『人と思想』二四二頁）。一九四八年五月以降、協会の研究活動や湛山の講演活動がほとんど中止になり、自由思想協会の看板も外され、事務所での社交活動も自粛させられた。七月八日の日記には、「自由プレスより重ねて清水市行の要求を受く。GHQ近頃の神経過敏は到底常識にて理解し難し、重ねて断る」、と記す（『日記』上）。

微かな期待

石橋湛山が抵抗せずに活動を中止した理由には、政令違反の規定に触れる事実のほか、前に触れた、来たる五月下旬に公布される訴願委員会の審査決定に対する微かな期待があったようである。「政令違反」の理由で、一年をかけて行なった訴願活動の結果を台なしにしたくなかったのである。

とにかくこの譲歩によって、GS側が準備した石橋「告訴」の企図に、口実を与えなかった。五月二二日、特審局から次のような調査報告がGSの公職審査局に提出された。「……同組織はすでに内部の合意で自主的に解散し、玄関にある「自由思想協会」の看板もとり外されている。したがって、告訴の必要はないと考える」（GHQ/SCAP Records, Box No. 2275E, 〈Sheet No. GS(B)〉 03108–03115, Ishibashi TANZAN Book1 No. 45）。

隠居と回想執筆

活動の場も失った湛山は、その後、隠居生活に入り、下落合の家に立て籠もって、もっぱら東洋経済新報社から依頼された回顧録の執筆に取り組んでいた。執筆は一九四九年から一九五一年にかけて断続的に行なわれ、「若干の回想」というタイトルで『新報』に連載し、のちに一冊にまとめたのが、『湛山回想』（毎日新聞社、一九五一年一〇月）である。

石橋湛山はこの後、占領軍の監視のもとで「告訴」をかわしながら追放生活を送り、真に自由の身に戻ったのは、日本の独立を意味するサンフランシスコ条約調印の二ヵ月ほど前の、一九五一年六月である。

五　独立後の経済構想

1　公職追放解除

政界復帰

一九五一年六月二〇日、石橋湛山の公職追放解除が発表され、四年一ヵ月の蟄居生活に終止符が打たれた。政界復帰後の湛山は、自由党鳩山派、自由党民主化同盟、分派自由党、日本民主党、自由民主党の最高幹部の一人として、政治の第一線に立って精力的に活動し、また、衆議院議員、通産大臣（第一―三次鳩山内閣）を歴任した後、一九五六年一二月、政界復帰後の六年目にして自由民主党の第二代目の総裁に選出され、念願の石橋湛山内閣を誕生させた。

独立後の路線対立

この間は、占領後、独立日本の船出の時期にあたり、政治面では与党自由党内のワンマン首相吉田茂と鳩山派との政治対立・政権譲渡の時期であり、また、保守内部の混戦状態から保守合同、革新合同（いわゆる一九五五年体制）に向かう時期でもあった。

経済・財政面では、独立後の「経済自立胎動期」と呼ばれ、朝鮮戦争景気が終わり、世界景気の不安、進退交錯のなか、日本は自立経済の成長に備えて、従来のドッジ・ラインの延長線で緊縮・均衡財政の線に進むか、それとも生産力発展中心の雇用の拡大、積極財政で臨むか、対米依存のいわゆる「貿易立国」の方向に向かうか、それとも「内需型の開発主義」の路線をたどるか、と試行錯誤を繰り返す時期でもあった。

外交・国際関係の面では、占領期から続いてきた吉田茂の「向米一辺倒」の路線が是正され、鳩山一郎の独立・自主外交のスローガンのもと、対共産圏の関係改善が模索される反面、改憲・再軍備の声が上がり、ナショナリズムの風潮が高まっていた。

政界・経済界がこの大変動を迎えた時期において、政治の中枢に立つ石橋湛山の主張と行動は一体どのようなものであったのか、以下でみていきたい。

2　自主と自立

第一次吉田内閣期、生産・雇用拡大を目指す湛山の積極的財政・金融政策は、その後、アメリカの対日占領政策の転換（一九四八年後半）とともに否定され、一九四八年一〇月に第二次吉田内閣が発足してから、緊縮政策と国際収支の均衡を特徴とするドッジ・ラインに変えられた。

追放の解除とともに、かつての大蔵大臣石橋湛山の存在が急浮上し、その積極財政の主張も、次期政権をねらう自由党鳩山派の経済主張として世間の注目を集めた。政界復帰後の石橋湛山は、自由党鳩山派、また、のちの民主党、自民党の経済政策の代言人と見なされ、その執筆やマスコミへの発言も、経済・金融政策論の面に重心が置かれていた。対米従属の吉田路線に対し、石橋の経済主張も、鳩山派の外交路線と同じように「独立・自主」の色彩が強かった。

生産第一主義

湛山は、一九五一年七月一五日号『週刊朝日』の特集で、独立後、対米経済従属の離脱とともに、自国内の生産発展と市場開拓の必要を指摘し、現行のデフレ財政の撃破と、「生産第一主義」への邁進の積極政策を主張した。また、依頼心を除去し、自助の精神で生産力「完全稼働」の経済環境を作り出すことは「政治の最大の目標だ」と主張した。

3 自立経済の展望

自立経済の方針

石橋湛山は、生産第一主義の積極財政を広めるために、定着していたドッジ・ラインとの対決を試みる一方、国内電源開発論を提起し、「フル・エンプロイメント」（完全雇用）を目標に、積極財政を主張した。この間に湛山がとくに関心を寄せたのは、独立後の日本経済再建の方向問題である。

朝鮮戦争の後、アメリカやイギリスが戦後の不況に備えて財政緊縮政策に転じ、それに追随するかたちで、日本政府も財政・金融の緊縮政策に動きはじめた。この世界的緊縮財政の影響を受けないように、湛山は「自立経済」の再建方針を唱え、まず三年間、対米依存の貿易中心型の経済を独立自主の国内開発型に切り替え、積極政策によって国内資源の開発、生産を促進し、国力の増強を待って徐々に国際貿易に復帰する（『全集』一四巻、二〇七頁）、という。これは、石橋湛山が来たる鳩山内閣のために示した「自立経済」の政策プランで、金融政策の働きで人間の頭脳と労働力を有効に活用しようとする構想であった。

鳩山内閣の通産大臣

この「自立経済」の構想が立てられた一九五四年は、政治面において、保守新党合同の試み、吉田政権打倒への結束という、政局が激しく変動した年でもあった。一一月、日本民主党が結成され、翌月、社会党の支持を得て第一次鳩山内閣が誕生した。

石橋湛山は、鳩山内閣の成立とともに、政界の中枢に入り、第一次、そして総選挙後の第二次（一九五五年三月）、保守合同の後の第三次鳩山内閣（同年一一月）の通産相を三期連続務めた後、一九五六年一二月、第二代目の自由民主党の総裁に選出され、念願の石橋湛山内閣を発足させた。この変化により、彼は以前のような政策建言者から政策の決定者へと立場が変わり、石橋構想も国家の政策に関わる機会が訪れるようになった。この間、とくに注目すべきは、石橋湛山の長期経済ビジョンである。

長期経済計画の背景

一九五四年、日本の経済は世界的景気の好転を背景に、「数量景気」（物価の上昇を伴うことなく、実質的な経済数量の増加をいう）と呼ばれる好景気のもとにあった。国際収支が改善し、生産全体も一九五三年の不況を脱出して上昇に転じた。農業の面でも未曾有の大豊作になり、鳩山内閣期において、「米国の援助や特需に依存しない経済の自立と、今後急激に増加する生産年齢人口に対する雇用の増大」を目指して、長期経済計画立案の必要が現れた（浅井良夫編『国民所得倍増計画資料』第一巻、一九九九年、九頁）。

人間を基礎にした予算案

第一次鳩山内閣の通産相に就任した直後、湛山は、経済審議庁（のち経済企画庁）長官の高碕達之助《たかさきたつのすけ》を訪ね、かねてから希望してきた「完全雇用を目標とする」長期計画の立案試算――昭和三五年度までの六年間、労働人口の完全就業を実現した場合の、国内総生産高――を依頼した。試算から、四三〇〇万人の就業と、八兆八〇五一億円の生産高の結果が得られた。湛山はこの試算結果から逆算して、経済計画、予算規模の割り出しを提言し、これを「人間を基礎にした予算」と呼称し、実現を強く要望した（『全集』一四巻、二一七頁）。

この計画は、一九五五年一月閣議で決定した経済審議庁の「総合経済六ヶ年計画の構想」であり、同年一二月の「経済自立五ヶ年計画」とともに、国民所得倍増計画の「前史」として位置づけられる（『国民所得倍増計画資料』第一巻、ⅶ頁）。「総合経済六ヶ年計画の構想」が作成された後、湛山はすかさず一九五五年二月の選挙公報にその内容を引用し、四三〇〇万人口の就業と二兆円国民総生産増の数字を提示して、完全雇用の実現を訴えた（『石橋湛山文書』六一二番）。

所得倍増計画の前奏曲

一般には、池田勇人内閣期の「所得倍増計画」が戦後日本経済の高度成長の象徴と認識されているが、以上の経緯をみると、石橋湛山こそ、高度経済成長のシナリオ――「総合経済六ヶ年計画の構想」→「経済自立五ヶ年計画」→「所得倍増計画」――を作った、記念すべき人物と言わなければならない。

拡大均衡財政

一九五六年一二月に発足した石橋内閣は、寿命わずか七〇日の短い内閣だったが、この間、経済・財政面において、彼は「拡大均衡財政」（のち「拡大積極財政」に改める）のもとで、「一千億円減税一千億円施策」のスローガンを掲げ、生産第一主義を推進しようとしたのであった。

資源は人にあり

「日本の人の多いことは日本の強みであって、決して弱みではない。このあり余る、しかも日本人という優秀な労働力を十二分に活用するということが、日本の今後の経済復興の第一の力だ」「今日本としてとるべき経済政策の唯一の方向だ」と語っている（「石橋首相と嶋中鵬二対談」『名峰湛山』四〇頁）。

石橋湛山の積極財政、完全雇用による生産力拡大の発想には、戦前の小国主義に通底する、人間の能動的要素を重視した国内生産力発展の理念が盛りこまれ、戦後日本の経済発展の基本理念とその道筋を示すものであった。

4　国際政治構想

次に、政治家石橋湛山の冷戦・安保体制下の国際政治構想を見よう。

「向米一辺倒」の是正

自由党鳩山派の一員として、また、鳩山と同じようにGHQから不当な追放を受け、四年間も政界から閉め出された苦い経験を持つ湛山は、鳩山と同様、政治経済政策の理論面だけではなく、感情的にも反米・反吉田（茂）だったことは言うまでもない。「向米一辺倒」の吉田外交路線に対して、日本外交の独立・自主の方針を掲げ、また、その意味で改憲・再軍備を主張したのは、鳩山派の基本的外交姿勢であった。反米的ナショナリズムの色彩が強く、また、反米であるゆえ、共産圏との関係改善にも柔軟な姿勢を見せていた。

国際関係論における石橋湛山の主張は、基本的にこの鳩山路線に従うものだが、冷戦の解消、世界平和の実現を願う理想主義の色彩が濃く、また、改憲・再軍備の主張に関しても、鳩山の主張、党派の立場と微妙にずれるところがあった。すなわち、党派の方針に従う反面、自らの信念に基づく別の顔もあった。

「政綱政策試案」

　追放解除後の一九五二年六月、来たる衆議院議員選挙に向けて、石橋湛山が自らの「政綱政策試案」を作り、「外交」に関して、国連尊重、冷戦解消、超党派外交、アジアとの関係改善、戦争反省などの政策を掲げ、また、「軍事」に関して、平和憲法精神の堅持、限定軍備、日米安保からの脱却、憲法第九条の一時的修正を主張した（『石橋湛山文書』五七四番、『全集』一六巻）。

独自な湛山色

　石田博英《いしだひろひで》（一九一四―一九九三、石橋派代議士、のち内閣官房長官）が、この案は「単なる石橋試案ではなく鳩山派の政策綱領とみなされた」と説明しているが（『石橋政権・七十一日』六五頁）、内容を見る限り、石橋湛山自身の政策主張であるのは間違いない。特に世界二分の冷戦対立を解消して「世界一家」を実現しようとする理想、アジアとの友好関係を優先に築くべきとする主張、誠意ある戦争反省と賠償、および、当面における改憲、限定再軍備の必要を認めながら、第九条の不戦精神を世界に徹底させる目標、さらにアジアにおいて日米安保体制に代わる、新しい集団安保体制構築などの諸主張から、石橋湛山の信念に基づく独自色がうかがえる。

5　再軍備と経済力

　再軍備論をめぐる湛山の言論をくわしくみよう。

政界復帰の直後一九五一年七月、湛山は『週刊朝日』（七月一五日号）の取材で、鳩山ラインに沿って再軍備の方向と日米安保体制の現状を受け入れたが、日本経済にとって、再軍備は「容易ならざる重荷であろう」と懸念を隠さなかった。

経済復興優先の再軍備論

再軍備の方向について、湛山は「すでに大陸に無縁になった日本の国防が、もっぱら海・空軍によらねばならぬ」と海・空中心の軍備構想を示したが、「この軍備を整えるためには、まず、その前に日本の経済力を大いに培養することが、不可欠の条件である」と、経済復興優先の立場を示した。さらに「私は、この意味において、吉田首相が当分再軍備は行わないと言うているのに賛成である」と付け加えた（『全集』一四巻、四二頁）。一九五二年一月に書いた「日本繁栄論」でも、再軍備の負担は、もし日本経済の負担能力を超えると、「軍備がかえって国防を危うくする矛盾に陥る」。だから、再軍備も、「日本の経済力の充実に見合って徐々に行う外はない」と主張する（『全集』一四巻、五六頁）。

再軍備の目的

このような経済復興先行の再軍備論は、鳩山派の意見というより、むしろ自由党主流派吉田茂の立場に近い。湛山にとって、再軍備の目的は、日本の防衛ではなく、「アメリカと対等の交際が出来るようにする」（同右、五八頁）、真の独立を獲得するための手段だったのである。このような立場であるがゆえに、湛山は、財政・経済計画などの具体的問題に触れると、むしろ再軍備に反対する意見を示すことが多かった。

たとえば、一九五四年の財政「調整論」において、彼が「要調整」の槍玉に上げたのは、まず再軍備面の「無駄」であり、一九五四年後半の選挙遊説にも、軍備費は現行の一四〇〇億の枠を超えてはならないという見解を示し、今後、アメリカ式の自衛隊を、「金のかからぬ」「日本の国情に適した日本式の軍隊」に作り替え、さらに陸海空三軍の構想についても、陸軍を中心に、「海軍のごときも、……大きな軍艦は必要」がなく、費用のかかる空軍も「しばらくは日米安全保障条約にまかせ」るという、必ずしも積極的とは言えない意見を述べた（「私が首相になったら……」『新報』一九五四年八月二八日）。

産業と軍備

石橋内閣が成立した後、彼は防衛庁長官を兼任した。そして、防衛庁に初登庁した際も、「防衛体制を整えるには日本の防衛産業という問題を背後に考えねばならない。産業を興し立派な装備を持つことが重要である」と産業と軍備の両輪関係を談じ、また、党内の保守勢力が要求した自衛隊一万人増の問題についても、「私個人の考えからはいたずらに人だけをふやすというだけでは能がないように思う」（『朝日新聞』一九五六年一二月二九日）と一蹴した。

最小限の防衛論

湛山は、「自衛」の意味において再軍備を認めたが、同時に「自衛」という口実を借りて軍備競争を繰り広げる世界の動きに深い憂慮を示した。病に倒れる直前に書いた講演原稿では、「自衛軍備だけしか持っていないはずの国々の間に、第一次世界戦争も第二次世界戦争も起りました。もし同じようにして今後大きな戦争が起るなら、原子力兵器の発達した世界において、それは人類の滅亡を意味するでありましょう」と自衛を口実にした戦争の危険を指摘し、日本の再軍備についても、「世界の実状から判断して、国の独立安全を保つに必要な最小限の防衛力はこれを備える」ことに限定していた（『全集』一四巻、三六六頁）。

6　東西の和合を目指して

世界連邦から世界国家へ

第一次・第二次と二つの世界戦争を経験した湛山は、その原因を各国のナショナリズムにあると見て、戦後その解消を目指して国際連合を支持し、また、尾崎行雄の世界連邦運動に注目し声援した。

朝鮮戦争の勃発した一九五〇年六月、彼は「第三次世界大戦必至と世界国家」の長論文を表し、一時自由国家陣営の結束と共産主義陣営との決戦を主張したが、まもなく情勢判断の誤りと気づき、自らこの論文を廃稿にした。この論文のなかで注目すべき内容は、戦後における「世界国家」の建設構想である。

東西対決から東西共存へ

「ナショナリズム」が存在する限り、世界は「決して恒久の平和を得られない」と湛山は断言し、世界平和を脅かす各国のナショナリズムを「絶滅」させるため、彼は「世界国家」を構想した。ただ、この時点で彼が構想した「世界国家」は、後に見る東西の接近・融和のうえでの世界国家ではなく、第三次大戦による東西対決後の、自由陣営だけのものであったが、一九五一年七月の朝鮮戦争の交渉による平和的解決の可能性を見いだしてから、早くも「東西対決」の主張を修正し、「東西共存」による世界平和の方法と道を摸索しはじめた。東西の対話を呼びかけ、対共産圏との貿易の促進はその実践の一つである。

モスクワ国際経済会議

一九五二年一月に『改造』に載せた論文で、「私は、今日の、いわゆる冷たい戦争が早く解消して、自由にソ連とも、中共とも貿易交通が出来るようになることを切望してやまない」（『全集』一四巻、七三頁）と対共産圏の貿易の意欲を示し、また、この頃に企画された、東西両陣営間の経済・貿易交流を促進するためのモスクワ国際経済会議への参加を推進した。この会議は、東陣営の指導者ソ連を中心に一九五一年一〇月に企画されたものであるが、政治的には、経済・貿易を通じて内部から自由陣営の結束を離間する狙いもあった。

村田省蔵とコンビを組む

一九五二年一月中旬、ソ連の招請状が、北村徳太郎《きたむらとくたろう》・大内兵衛《おおうちひょうえ》ら日本国内の進歩的勢力の関係者に届けられた。一月一七日、会議参加の促進母体として「国際経済懇談会」が東洋経済新報社で結成され、石橋湛山と村田《むらた》省蔵《しょうぞう》（大阪商船相談役）が世話人に推された。石橋らの努力で、石橋・村田・北村らをはじめ、農業・労働・科学・技術者の代表からなる一五名の代表団が組織され、会議参加の計画が整ったが、政府が旅券発給の申請を拒否したため、計画は暗礁に乗り上げた。

大阪商船の社長だった村田は、かつて第二・三次近衛内閣の閣僚を務め、敗戦後、A級戦犯容疑者として巣鴨に拘置された財界人であった。戦後、反省して自ら戦前侵略の罪を償い、国際親善の活動に活躍した。石橋湛山とのコンビは、「国際経済懇談会」の時が初めてであったが、以降、海外移住協会・日本国際貿易促進協会などの推進・運営面で協力し合い、とくに対共産圏貿易の促進に貢献が大きかった。

国際貿易促進協会

その後、一九五三年九月、訪中議員団の結成、中国視察の活動にも、石橋湛山の促進と努力があった。九月九日、中国側の招請を受け「日中貿易促進議員連盟」が在京理事会を開き、経済事情の調査および貿易促進のため「各党議員など二五名」による「訪中使節団」の派遣を決定した（『日本経済新聞』一九五三年九月一〇日）。九月一一日、石橋湛山は山本熊一《やまもとくまいち》（日本国際貿易促進協会会長）が企画した「日中貿易」に関する会合に参加し、鮎川《あいかわ》義介《よしすけ》・風見《かざみ》章《あきら》・平塚《ひらつか》常次郎《つねじろう》（日中貿易促進議員連盟理事長）・平野《ひらの》義太郎《よしたろう》らとともに、今後の日中貿易促進の方針を議論した。

対共産圏貿易推進

訪中議員団（中国通商視察団・池田正之輔《いけだまさのすけ》団長）は、一二五日に結団、一二八日、香港経由で大陸に入り、各地での視察・会談の後、翌一〇月二九日、中国国際貿易促進委員会と総額六〇〇〇万ポンドの日中貿易協定（第二回）に調印した。湛山はこの訪中団に参加していないが、一九五二年のモスクワ国際経済会議の参加促進活動以来、対共産圏貿易推進運動の大御所と見られ、たびたび関係会合に顔を出し、意見が求められた。

一九五四年一二月、石橋は鳩山内閣の通産相に就任すると、さらに積極的に対共産圏貿易を推進した。一九五五年の総選挙における第二回政見放送で、「平和日本の建設」という施政方針のもとでの、ソ連との関係回復、中国との民間貿易促進の必要を強調し（『石橋湛山文書』六一一番）、一〇月五日、来日したフーバー国務次官との会談を通じて「ココム禁輸緩和」の道を探った（『朝日新聞』一九五五年一〇月六日）。

第三次日中民間貿易協定

対共産圏関係の改善に積極的姿勢を打ち出した鳩山内閣のもとで、日中関係が大きく好転した。一九五五年五月、雷任民《らいにんみん》を団長とする訪日貿易代表団が日本国際貿易促進協会（村田省蔵会長）、日中貿易促進議員連盟と「第三次日中民間貿易協定」を調印し、年末には、戦後初の中国見本市が東京と大阪両地で開かれ、併せて二〇〇万人もの入場者を得、予想以上の成功を収めた。

郭沫若の来日

また、一九五五年一二月、中国科学院院長の郭沫若《かくまつじゃく》（一八九二―一九七八）が中国科学代表団を率いて来日したのを皮切りに、両国の間に文化・文芸・労働団体、政治団体間の交流・往来も盛り上がった。
首相になった石橋は、一九五七年初の挨拶に「中共貿易は大いに拡大して行く方針」を示し、「アジアの諸国と手をかたく握り、相互の領土と主権の尊重、内政不干渉、対等互恵の通商など」、バンドン会議の和平十原則に基づく関係改善を訴えた（『石橋湛山文書』五六一番）。

六　党派闘争の暗流のなかで

1　反吉田の闘将

政界復帰

政界復帰後の石橋湛山は、一九五二年一〇月の衆議院議員選挙で、静岡第二区から立候補して当選した。代議士の職務に励む一方、鳩山派自由党の政策審議委員長を務め、鳩山内閣の成立を目指して政策理論を準備した。また、一九五二年一二月から、日蓮宗系の立正大学の学長にも推され、学園の再建などの業務に追われて、多忙な日々であった。

鳩山一郎との連携

湛山は、追放下の一九五一年初めから、前自由党総裁鳩山一郎との緊密な関係を保ち、二月六日には米講和特使ダレスとの秘密会見を通じて鳩山との結束を固め、政界復帰の意欲を見せた。六月の追放解除後、盛んな言論活動を展開する一方、かつて追放解除の際に鳩山への政権禅譲を約束した吉田にその実行を迫り、選挙に向けて活動しはじめた。

自由党反乱軍事件

翌一九五二年初めから三月にかけて、湛山はモスクワ経済会議出席問題に際し、「自主外交」のスローガンを掲げ、「向米一辺倒」の吉田の外交政策を批判し、また、自由党内において反吉田勢力の結集に加わり、会談を通じて政権の返還を迫った。吉田の政権固守の意思を確認するや、六月には、自由党幹事長増田甲子七《ますだかねしち》の後任人事の件で、石田博英と共に反乱を起こした。この「自由党反乱軍事件」と呼ばれた政争で、吉田茂が推薦した一年生議員の福永健司《ふくながけんじ》の就任は認められず、長老林譲治の就任で吉田勢力が敗退した。

夏からの選挙準備活動において、湛山はまず六月一五日、白金台の般若苑で、鳩山を担ぎ出すための蛍狩りを企画し、三〇〇名の来会者を集めた。経済通の本領を生かして鳩山派の経済・財政政策の理論方針を策定する一方、財界とのパイプを通じて選挙資金調達にも貢献した。

「抜き打ち解散」と分裂選挙

間もなく吉田側の反撃も始まり、一九五二年八月二八日、吉田首相は鳩山派に不意打ちを与えるため、突然衆議院を解散し（抜き打ち解散）、受けてたった鳩山派は、勢力を結

集して反吉田の選挙活動を繰り広げた（分裂選挙）。この時、鳩山派の選挙主張は、

一、吉田秘密外交の排撃、二、再軍備と憲法改正、三、積極財政

の三点に集約されていた。鳩山派の分裂活動に対して、党首の吉田は、選挙資金の面で鳩山派に対する締めつけを強め、これに抗して鳩山派は石橋と三木武吉《みきぶきち》を通じ、独自のルートで財界から選挙資金を集めた。

石橋・河野の自由党除名

鳩山派の切り崩しを図った吉田は九月二九日、突然に鳩山派の闘将たる石橋湛山と河《こう》野《の》一郎《いちろう》両人の自由党除名を通告したが、この処置はかえって鳩山派の結束を強め、湛山自身もこの日を境に「断じて吉田内閣を倒す」決心に至った（『週刊東京』一九五八年二月二二日号）。

一〇月総選挙の結果、自由党当選者二四〇人のうち、吉田派七二人、鳩山派六八人、中間派一〇〇人という伯仲の情勢で決着がつき、吉田の「抜き打ち解散」と「石橋・河野除名」の誤算は明らかであった。

鳩山派四原則

選挙後の一〇月一五日、日活国際ホテルで石橋湛山の起草による鳩山派四原則（政局安定、党内独裁排除、秘密外交是正、党の一本化）が発表され、これは、のちの鳩山派の政治行動の基本線となった。

ところが、選挙後に自由党鳩山派内部から微妙な亀裂が現れ、幹部会において、党の

分裂を避けようとする妥協派（三木武吉）と、自由党離脱派（石橋・河野）が対立した。党首鳩山は妥協派の立場であった。

自由党民主化同盟

一方、吉田茂は選挙後も、石橋・河野除名の取り消し要求に応じず、おさまらなかった鳩山派をして、ついに「自由党民主化同盟」の結成に向わせた。石橋と河野を含めた総勢は五一名に達する勢力であった。この組織は、石橋と河野の除名取り消しを求め、また、鳩山派の「四原則」をスローガンに掲げて吉田政権の転覆を目指す、戦闘的組織であった。

自由党民主化同盟は、同時に鳩山党首の、吉田内閣に対する妥協的態度にも不満を示し、「鳩山派」の色を洗い落としつつ、「反吉田派」の政治色を強めていった。「鳩山の存在はこれ以後民主化同盟の中では一種の象徴的存在」に過ぎなかった（筒井清忠『石橋湛山』一七七頁）。

池田通産相の不信任案

第四次吉田内閣の組閣人事も、鳩山と民主化同盟（民同派）を無視した「側近人事」であった。憤った民同派は、一一月二七日の特別国会における野党各党の池田勇人《いけだはやと》通産相不信任案の票決に「欠席戦術」をとり、池田を失脚させて政権基盤を揺るがし、ついに一二月、吉田茂から石橋と河野の除名解除、および党幹部人事の再選の譲歩を勝ち取った。

2　鳩山自由党から民主党へ

鳩山自由党の結成

一九五三年に入って、吉田陣営の内部に広川弘禅《ひろかわこうぜん》派の離反で動揺が現れ、つづく二月一六日の国会における吉田首相の「バカヤロー発言」をきっかけに、吉田追いこみの作戦が始まった。三月二日、懲罰動議が可決したあと、議会解散か、内閣総辞職かで、自由党内の意見対立が現れ、民主化同盟も論争において内部分裂を演じた。三木・石橋らが鳩山を擁して脱党し、三月一四日、分派自由党（＝鳩山自由党）を結成した。分自党の結党意図は、結党「声明」に現れたように、吉田政権への全面対決であった。

三月二〇日、政策委員長石橋湛山の手による分派自由党の新政策が発表された。

一、憲法改正、二、戦争防止と自衛軍の組織、三、外交の刷新、から鳩山色がうかがえるが、防衛問題については「憲法第九条の戦争否定の精神を存置し」つつ、「もっとも経済的」な「自衛軍を組織」するの部分に、湛山の努力と苦労も実を結んだ（『石橋湛山文書』六〇三番）。

四月一九日の総選挙では、吉田自由党は一九九議席を確保したのに対し、鳩山分派自由党は三五席で振るわなかった。この敗北の後も湛山は諦めず、左右両派の社会党を含めた野党連合を訴え、吉田政権の発足を阻もうとした。四月二二日、「この際吉田内閣が再現したら、どうなるか」の政策アピール文を配布し、野党の大連合を期待した（『石橋湛山文書』八四五番）。

自由党復党

ところが、敗北を受けて、八月には分派自由党内部から改進党との提携派と、吉田自由党への復帰派が現れ、石田博英は復帰派を代表し、三木武吉は改進党提携を推進した。鳩山は一一月、自ら自由党復党を決心し、これは一一月二八日の会合で党の方針として決定された。しかし、党内には依然強硬な復党反対派があり、全員一致の復党は困難であった。結局、三木・河野ら反対派を残し、石橋が鳩山とともに自由党に戻った。

保守合同の機運

一九五四年は日本の政局が大きく揺れ動いた年であった。まず、一月と二月に発覚した保全経済会政治献金事件と造船疑獄事件で、吉田内閣は揺らぎはじめ、これを保守政治全体の危機と受けとめ、緒方竹虎《おがたたけとら》副総理を中心に保守合同の機運が生まれた。

新党構想の対立

保守新党の結成の模索は二月から始まったが、まず「党首問題」でつまずいた。石橋・改進党・三木らの吉田体制打倒のための新党構想と、吉田学校の優等生たる池田勇人・佐藤栄作《さとうえいさく》らの吉田体制維持のための新党構想が真正面から対立し、話はまとまらなかったのである。

六月三〇日、政策中心、党首「公選」の提案のもとで、新党結成準備会が結成され、七月末から八月にかけて、石橋ら新党派幹部は吉田内閣批判、吉田路線是正のスローガンを掲げて一斉に全国遊説に乗り出し、反吉田の政策攻勢を展開し、首相の退陣を迫った。吉田陣営内では、緒方竹虎を含め、外遊帰りの吉田首相の円満引退を期待したが、その意思を確認できなかったため、鳩山派・岸（信介）派の脱党を促す結果になった。

民主党の発足

こうして保守の合同は実現しなかったものの、一一月二四日、自由党の反吉田陣営、日本自由党（三木派）、改進党などの保守勢力が結集し、民主党が発足するに至った。これは、衆議院一二一議席、参議院一八議席を擁する、日本第二の保守勢力となった。総裁に鳩山一郎が就任し、副総裁は重光葵《しげみつまもる》、幹事長は岸信介《きしのぶすけ》の顔ぶれで、石橋湛山は、芦田均らとともに「最高委員」の地位についた。

3 大臣から総理へ

第一次鳩山内閣成立

一九五四年一二月初、外遊から帰った吉田は、なお政権の維持にねばったが、社会党・民主党の内閣不信任案を前になすすべはなく、党内の紛糾もあって一二月七日、ついに退陣した。次期政権担当では、民主党の鳩山と自由党の緒方との対決になるが、鳩山は早期解散総選挙の条件で左右両派社会党の支援を取りつけ、念願の第一次鳩山内閣を発足させた。

一二月一〇日、鳩山による組閣人事が行なわれたが、しかし蓋を開けて見ると、湛山に用意されたポストは、本人希望の大蔵大臣ではなく、通商産業大臣であった。大蔵大臣の椅子に座ったのは、官僚出身の日銀総裁一万田尚登《いちまだひさと》であり、その政策方針も、石橋の積極財政とは違う色のものであった。猪突猛進の積極財政は、鳩山からもいく分警戒されていたようである（『鳩山一郎回顧録』一四三頁）。

大蔵大臣への執着

この人事に納得できず、はじめ湛山は頑として承知しなかった。困り果てた三木武吉（民主党総務会長）は、石橋邸に押しかけ、梅子夫人まで動員して説得にあたらせた。結局、湛山は大局観から通産相の就任を承諾した。この人事の黒幕には三木武吉の知恵があり、三木が期待したのは、財界における一万田の集金力であったようだ（『石橋政権・七十一日』一〇四頁）。

鳩山ブーム

一九五五年は保守合同の年であるが、両派社会党が先んじて合同していた。いわゆる「五五年体制」がここから発足したのである。

鳩山内閣は、組閣直後から「公邸の廃止」「護衛の廃止」「公務員と業者のゴルフ、マージャンの禁止」など一連の政治清新化プランを実行し、また、「自主平和外交政策」を掲げて、ソ連・中共との関係改善、貿易発展を促した。吉田のワンマン政治に厭きた国民は、鳩山内閣に好感を示し、空前の「鳩山ブーム」が巻き起こることとなった。

このムードのなか、二月の総選挙で、民主党が一八五議席を獲得して自由党（一一二議席）を押さえ、第一位の保守党になり、第二次鳩山内閣もこの選挙の勝利を背景に、順風満帆に発足した。一方、保守陣営は、財界の要求に応えて、また革新側の結集に対抗しようと、合同の模索を進め、七月には、自由党と民主党の間で政策協定が成立し、合同運動は順調に進んだ。

自由民主党の結成

自由民主党は、先に合同した両派社会党と対抗するため、一九五五年一一月、党首問題を未解決のままで結党し、総裁選挙まで、鳩山一郎・緒方竹虎・三木武吉・大野伴睦《おおのばんぼく》ら代行委員会によって、党の職権を行使した。結党と同時に第三次鳩山内閣も発足したが、石橋湛山は相変わらず通産相の椅子に座った。

二代目の総裁人選

一九五六年四月の総裁選挙は最初、鳩山対吉田系の緒方の布陣であったが、緒方の急死で鳩山は自民党第一代目の総裁に就任した。その直後から、病気の鳩山の後をねらって、二代目総裁の人選をめぐる各派の動きが水面下で始まった。一時、三木武吉有力説がささやかれたが、七月に三木が急死したため、話が立ち消えた。この時から、自民党の結党で一時存在感が薄くなった石橋湛山が、本命の岸信介《きしのぶすけ》との対抗株として浮上してきたのである。

自民党のなかには、主流派、旧吉田派、改進派の三つの勢力があり、石橋は非主流の中間派とされ、石田博英ら数名の勢力しか擁していない少数派であった。数的には絶対の劣勢にあるが、マスコミの下馬評で、なぜか総裁候補の一角に位置づけられていた。経済人としてのキャリア、自らの政策主張と実行力は、石橋湛山の人気を高めた理由であろう。

石橋の支持勢力

石橋本人もこの前後、財界の松永安左エ門のラインを通じて、池田勇人との敵対関係を修復しつつ、支持グループの結束をまとめ、次期総裁選に向けて影響力を拡大していった。六月段階で石橋の周辺に集まった支持勢力は「旧改進系の松村《まつむら》（謙三《けんぞう》）・三木《みき》（武夫《たけお》）グループ及び大久保留次郎《おおくぼとめじろう》ら鳩山直系派を母体にし、池田勇人ら旧自由党系グループの間接的支援と石井派との友好関係という構図である」。これに、のちに大野派も加わり、総裁選に向け、石橋支持体制が固まった（筒井清忠『石橋湛山』三三一頁）。

八月になると、鳩山が日ソ交渉後に引退する意思を表明し、政局が急に動き出した。各派意見調整の末、次期総裁選の候補に絞られたのは、岸・石橋・石井《いしい》（光次郎《みつじろう》）の三人であった。

下位連合の盟約

総裁選挙は、一九五六年一二月一四日に行なわれた。第一回投票で、投票総数五一一のうち、岸信介が二二三票を獲得し、石橋湛山の一五一票と石井光次郎一三七票に大差をつけ優勢を示した。しかし、三者のいずれも過半数に達せず、規則により一、二位の決選投票が行なわれた。ここで石井陣営は、石橋陣営と取り交わした二、三位連合の盟約を履行し、投票の結果、石橋は二五八票を獲得し、七票の僅差で岸を下し、自由民主党の二代目の総裁となった。組閣は各派の確執で難航したが、一二月二三日午後、石橋総理自ら郵政・防衛・北海道開発三長官兼任のかたちで、石橋内閣を立ち上げた。

石橋内閣の発足と「五つの誓い」

年明け早々、石橋湛山首相は全国遊説に出かけ、国民に向かって、

一、国会運営の正常化、
二、政界及び官界の綱紀粛正、
三、雇用の増大、生産の増加、
四、福祉国家の建設、
五、世界平和の確立、

という「五つの誓い」を訴えた。

内閣総理大臣 石橋湛山
(1956年12月)

石橋湛山内閣の政策方針をまとめると、日本の高度経済成長の道筋を示した積極財政政策、親共産圏・脱安保体制の独立自主外交、および軽武装再軍備の三点である。

病に倒れる

こうして湛山は政界入りから一〇年、追放復帰から五年、七三歳にしてやっと総理大臣の地位についた。しかし、一九五七年一月二五日、予期せぬ病気で倒れた。

二日前の二三日、母校早稲田大学の大隈会館で開かれた総理就任祝賀会で、薄着のモーニングで数時間、ガラス戸が開けっ放しになった書院に立ちつくしたため、と言われる。二五日の朝、カミソリをとろうとしたが手が動かず、言葉も不明瞭の症状が現れた。すぐ主治医の村山富治《むらやまとみじ》医師が駆けつけ、また、杏雲堂病院の佐々廉平《さっされんぺい》院長も往診に来た。二月二二日、医師団（東大教授沖中重雄《おきなかしげお》、聖路加病院長橋本寛敏《はしもとひろとし》、佐々廉平、村山富治）から「向後約二ヵ月の静養加療を要するものと認む」の所見が示された。

この結果を見て、湛山は引退を決意し、二月二三日、石田博英官房長官は記者団の前で、岸信介総理代理宛の「石橋書簡」を読み上げた。

……私は新内閣の首相としてもっとも重要なる予算審議に一日も出席できないことがあきらかになりました以上は首相としての進退を決すべきだと考えました。私の政治的良心に従います。（『全集』一四巻、三六九頁）

「石橋書簡」

こうして、国会運営の正常化のため、また国全体の利益のため、石橋湛山は自らの政治的良心に従い、あっさりと首相を辞めた。その身の引き方の潔さは、今でも政界の語り草になっている。

第五　脱冷戦の構想と行動

一　第一次訪中

1　訪中準備と目的

療養生活

病に倒れた湛山は、一九五七年四月、聖路加病院を退院した。医師団の発表では病名は「老人性肺炎」であるが、実際には軽い脳梗塞の症状も見られた。「脳血栓発作」により後遺症が残り、「歩行はできたが右手でサインできず、構語は少し困難であった」。退院後の湛山はしばらく、伊豆の長岡温泉や山中湖畔の山荘などでリハビリに専念し、「発声が不自由だったのを克服する」ため、読経と英会話を始めた。療養の後、政治活動に復帰したのは、一九五八年五月の第二八回衆議院議員選挙である。五月二二日の投票で彼は静岡二区から再び選出されたが、七四歳の高齢と病後の心身状態だったため、第一線を退き、もっぱら自民党元老の一人として政策顧問の役目を務めていた。

大病後の地位変化

大病を期に、湛山の政界における地位も、心境も、また言論主張の内容も大きく変化した。第一線からの引退で言論活動の自由さが大幅に増えたため、彼は次第に言論人の本領を取り戻し、自らの信念に従い、超党派の活動、また、理想主義的言論が多く見られるようになった。発言にも、得意とする経済理論・政策面の内容が見られなくなり、ウェイトが世界情勢・国際関係の面に移った。この頃から、湛山の心に新たに燃えた執念は、東西冷戦の状態を終結させ、「東亜・世界の平和」を実現させることであった。岸内閣の中国敵視政策によって冷え切った日中関係修復のための第一次訪中は、その行動の一つだったのである。

岸信介の反動政策と長崎国旗事件

岸信介《きしのぶすけ》内閣（一九五七年二月―一九六〇年七月）の反動政策によって、湛山が通産相時代から促進してきた日中間の経済・文化交流がすべて停止され、白紙に戻った。まず、一九五七年六月、岸は、台湾訪問中に蔣介石《しょうかいせき》政府の「大陸反攻」政策支持を明言し、続く訪米中、アイゼンハワー大統領と結んだ「日米共同声明」でも中国敵視、日米安保条約改定の意向を明らかにした。一九五八年四月、岸は「国旗掲揚」の儀式を拒否して調印を待つばかりの「第四次日中貿易協定」を座礁させ、五月、右翼が起こした「長崎国旗事件」（中国物産展における中国国旗の侮辱事件）に対しても右翼の暴行を見逃し、断固とした対策を取らなかった。中国政府は、これら一連の事態を日本政府の「中国敵視」政策と見て、五月一〇日、外交部声明を通じて、中日間の経済・文化交流のすべてを断絶することを通告した。

周恩来総理の希望

冷たくなった日中関係を修復するため、一九五八年八月に日本社会党の佐多忠隆《さだただたか》、一九五九年三月に浅沼稲次郎《あさぬまいねじろう》が率いる社会党訪中団が中国を訪れたが、中国の周恩来《しゅうおんらい》総理は野党・民間人の活動に対して、両国政府レベルの直接接触を希望した。日本の政府関係者となると、自然に浮き上がってくる人選は、石橋湛山や松村謙三《まつむらけんぞう》のような、自民党内の反主流派の存在である。

関係修復のキーパーソン

日中間の民間貿易の推進に実績を持つ石橋湛山に対して、中国側はかねてから好感を持っており、前述したように一九五二年、モスクワ経済会議の時にも石橋宛の招請状が送られた。その後、日中民間貿易協定の促進、日本国際貿易促進協会（一九五四年成立）の活動、「ココム禁輸緩和」の努力などで、中国での知名度をさらにあげていた。中国敵視の岸内閣が成立してから、中国政府側は牽制力として自民党内における石橋の発言に注目し、一九五八年一〇月、『人民日報』は警職法改正案問題をめぐって、石橋湛山の議会会期延長反対の声明を好意的に紹介した。

中国側からの打診

一九五九年に入ってから、中国の政府筋がいくつか非公式のルートを通じて石橋に打診し、訪中の意思を探った。「いつまでも睨みあったってきりがないですから、誰か一つ皮切りをしなければならない」（「中共を訪れて」『経済倶楽部講演』一二八号）と湛山は訪中を決意するが、当面の関係修復とは別に、もう一つの目標を抱いた。それは、首脳会談を通じて東西両陣営の対立・反目の原因を探り、超イデオロギーの立場で東西融和の可能性を模索することである。

訪中決意の理由

早くも朝鮮戦争の停戦交渉が始まった一九五一年半ばごろから、湛山は戦後アジア地域の安全保障の角度から東西対話の道を模索しはじめ、政界復帰後に打ち出した「政綱政策試案」（前述）にも「世界が二大陣営に分裂し、相闘争する現状は人類の至大の不幸なることを深く反省し、その調整を期す」との条項を明記した。

一九五三年九月の論文で、「私は今日の世界は、企業者も労働者も、資本主義も社会主義ももはや相対立する時代を過ぎ、一層高次の「合」の段階にあるべきだと考える」（『全集』一四巻、三〇一頁）と東西融和の理論を提唱するかたわら、「作用的一元論」の哲学方法を用いて東西融和の必然性を論証した（『全集』一四巻、五二七頁）。この時から彼が頭のなかで描いた理想は、世界全体の経済・政治一体化の「世界国家」「世界連邦」の建設であった。

2　廖承志との予備会談

雪解けムード

一九五九年一月、フルシチョフ（N. S. Khrushchyov, 一八九四—一九七一）ソ連首相は、共産党の第二一回大会の演説で、共産主義と資本主義の「平和共存」理論を鼓吹し、その後、米ソ双方の努力によって、ミコヤンソ連副首相の訪米（一月）、およびニクソン米副大統領の訪ソ（七月）があいついで実現した。この冷戦の雪解けムードに鼓舞され、石橋湛山は訪中団を率いて一九五九年九月、香港を経由して北京に入った。

北京空港での声明文

北京空港で、一行は人民外交学会の廖承志《りょうしょうし》（一九〇八—一九八三、のち中日友好協会会長）理事や、中国赤十字会長の李徳全《りとくぜん》女史らの出迎えを受け、歓迎者と報道陣の前で、日中両国「相提携してアジアの平和ないし世界の平和を維持し、東洋の民衆の福祉増進に努めることは、両国の責任であり、人類としての義務である」と、用意した声明文を読み上げ、また、過去の「不幸」に対して「遺憾」と「深く反省」の意を示し、深く頭を下げた（『毎日新聞』九月一〇日）。

二つの「三原則」と廖承志との予備会議

廖承志を相手にした予備会談が九月一二日午前七時半から、滞在した北京飯店で始まり、初日は、中国側の「対日政治三原則」（中国敵視政策の放棄、二つの中国の陰謀に加担しない、国交正常化を妨害しない）の解釈を聞くのが主な内容であった。廖の岸内閣非難に対し、湛山は「岸内閣にも責任があるが、中国側にも誤解がある」と反駁した（『毎日新聞』九月一二日夕刊）。一三日午前九時から一時間半、石橋・廖の第二次会談が行なわれた。湛山が提示した「石橋三原則」――世界平和の大原則、政治・経済・文化の交流促進、両国政治の現状尊重――に対して、廖は「個人としてはその趣旨に賛成であるが、その具体的内容については周総理と直接会って話し合ってほしい」と歩み寄りの姿勢を示す一方、「二つの中国」の問題を持ち出し、岸政権およびアメリカ帝国主義を厳しく批判した（『読売新聞』九月一四日）。一四日、石橋・廖の第三回会談が行なわれ、中国側は相変わらず台湾問題や日米安保条約改正の問題に強くこだわり、政治の現状尊重という石橋の第三原則は、事実上受け入れられない姿勢を示した。

三日間の会談は、結局湛山がかつて心配した原則論・公式見解の応酬に終始し、最初から一応合意した「東亜、世界の平和」に貢献する原則も、日本現在の政治的立場の放棄を要請する中国側の硬い姿勢の前に、具体的な進展がなく、崩れ去ろうとした。湛山はこの三日間の会談結果に失望し、「中国側の岸内閣とアメリカに対する憎悪は全くすさまじい。これでは、容易なことでは、日中打開の糸口はつかめない。こうなったら、周総理とジカにヒザ詰め談判をするより仕方ないだろう」と記者団に語り（大村立三『二つの中国』二三二頁）、残りの希望を、周との直接会談に託した。

3　石橋・周会談の秘密内容

周会談と秘密の内容

湛山が待ちわびた周恩来総理との直接会談は、九月一六日午後二時四〇分から二時間、また翌一七日午後四時四〇分から二時間、国務院内の西華庁で行なわれた。中国側は周のほか、陳毅《ちんき》副総理、廖承志と通訳一名が出席し、日本側は石橋湛山一人だけが臨んだ。会談の内容は、石橋と周の紳士協定によりいっさい「極秘」とされた。一六日の会談が終わって帰った湛山は、記者団に対し「会談は終始友好裏に行なわれた」と述べただけで、会談の内容に触れることはなかった。

石橋・周会談の「秘密」内容はいったい何だったか。同行した宇都宮徳馬《うつのみやとくま》が二年後の一九六一年の文章で「……その内容は、極東において、アメリカが台湾において攻撃的な軍備を維持しないことを条件にして、日本と中国と、アメリカと、それからソ連までも入れて何らかの形の平和の維持の地域的な機関を作ったらどうか」、であった、という（『日中関係の現実』一二三頁）。さらに、提案について、当時、双方の「意見が一致した」ことも、のちに周恩来の話から判明した。

もちろん、この段階での一致はあくまで「気長にやりましょう」（周恩来）といったような原則的・建前上の一致であったが、湛山にとっては、この「一致」こそ、難航中の日中会談のなかでの最大の「成果」であった。

4　訪中の成果

「コミュニケ」をめぐる攻防

石橋・周会談が終わったあと、九月一八日から、廖と石橋の間で日中共同声明の文面作成の調整に入った。意見の調整は難航を極め、はじめ一日の予定が三日間に延び、二〇日午前一一時になって、やっと調印式に漕ぎつけた。双方の衝突点は、

一、岸内閣の「中国敵視政策」、「二つの中国をつくる陰謀」の用語表現に関するもの、

二、「政経不可分」の原則の可否、

三、周恩来の日本民主化、自由化、中立化の希望（＝日本の国内政体評価）に関するもの、

であった。一に関して、中国側が執拗に湛山の同意を取りつけようとしたが、物別れになり（コミュニケに立場併記）、二に関しては、湛山は早い段階で自ら妥協した。また、三に関しては、石橋が最後まで周の意見を入れまいと頑張ったが、土壇場で一部受け入れるかたちで妥協した。

帰国後のメッセージ

交渉の全体から見れば、石橋側は現在の両国政治の現状を尊重し、「東亜、世界の平和」という新たなる目標のもとで関係の改善、提携の可能性を探ろうとしたのに対して、中国側は、関係改善の先決条件として、日本現在の政治的立場の放棄を要求した。帰国

後の一〇月五日、湛山はＮＨＫの海外放送を通じて、周恩来にメッセージを送り、訪中に対する自分の心情・評価を率直に述べた。

「貴国はいま国造りに精一ぱいであるので、その方に専ら注意が集中せらる結果世界の平和に貢献するという側面がややもすれば二の次にせらるるのではないかと感ぜられた」。「友好関係を建設するのには……互いに寛容の精神をもって接することが大切だということであります」。今日日中国交の正常化を妨げる問題の多くは「些々たることか或は誤解に基づくもの」であり、「静かにその正体を検討すれば気にかけるほどのことはない」。善意で寛容の精神をもって相手に接すれば、敵意はなくなり誤解も自ら解消するであろう（『石橋湛山文書』六七五番の二七）、と。

第１次訪中　周恩来との初会談（1959年９月）

その後、石橋湛山は理論の面で、フルシチョフの「平和共存」「平和競争」の理論に依拠して、引き続き周の説得を続ける一方、フルシチョフ、アイゼンハワーの会談（一九五九年九月二五日）によってもたらされた「平和共存」の気運に応えようと、ひそかに

ソ連訪問の第二の目標

ソ連訪問の計画を練り上げた。「平和共存」の理論を打ち出したフルシチョフ首相の真意をただし、「日中米ソ平和同盟」の構想に関してフルシチョフの同意と協力を求める。これすなわち、湛山がひそかに立てた第二の行動目標であった。

二　日中米ソ平和同盟論の誕生

1　日ソ協会会長就任

「第三の原理」

石橋湛山は、フルシチョフとアイゼンハワー会談の後、タス通信社の記者に、フルシチョフ首相の軍備撤廃提案と平和共存の理論を称賛し、日ソ間の関係について、「できるだけ早く平和条約を締結することに賛成する」と語った（『朝日新聞』一九五九年一〇月一一日）。『経済学季報』一一月号に寄せた「明日の経済学――資本主義と共産主義の融合」の文章で湛山は、世界大変革時代の到来、資本主義と社会主義を超えた「第三の生活原理」の誕生を予言する（『全集』一四巻、五四一頁）。

「第一の原理は、自然発生的につくり出された資本主義の経済、第二の原理は資本主義の欠陥を是正するために考え出された社会主義の経済、第三の原理はこの両者の混合したものだ」(「私はこう思う」『新報』一九六〇年九月十日号)、と説明した。

一九六〇年正月、湛山は念願をこめて「東西和合世界一家春」と揮毫し、年始早々「第三の原理」を携え、訪ソの準備を始めた。この年に入ってから、湛山はソ連駐日大使館や、日ソ協会などの組織と頻繁な接触を保っている。「石橋湛山年譜」によると、一月二九日、彼は国際文化会館で催されたソ連大使館主催の講演会「平和共存について」に出席し、翌日、ソ連外国文学編集長アレクサンドル・チェコスキーと懇談した。

日ソ協会への接近

また、二月二日・四日・二四日と三回にわたって、日ソ協会理事長の馬島僴《まじまゆたか》、常務理事の松本七郎《まつもとしちろう》と「日ソ協会の問題」について会談し、三月三日の自民党内の同志会においても、「日ソ協会の件」について報告した(『全集』一五巻、四一四頁)。

「日ソ協会の件」とは、日ソ協会からの、会長就任の依頼に関する相談である。前任会長鳩山一郎《はとやまいちろう》(元首相)が一九五九年三月に死去した後、日ソ協会会長のポストが一年近く空いていた。同協会から、対共産圏関係の改善に積極的だった石橋湛山を後任会長に推薦する要請が強く、この要請に対して、湛山もはじめから前向きの姿勢で対応した。日ソ協会会長の就任は「訪ソ実現の足がかり」だと湛山は割り切っていた(『朝日新聞』一九六〇年三月六日)。

しかし、「これを受諾すべきでないとの意見が、いろいろな筋からさまざまの形で寄せられ」、「掣肘《せいちゅう》」だの、「忠言」だの、自民党内部だけでなく、石橋派の内部からも反対の声が高かった（『全集』一四巻、三八五頁）。

日ソ協会会長就任の動機

四月一一日、湛山は日ソ協会側との話し合いにおいて就任の要請を受け入れ、岸首相が退陣した後の八月三日、正式に会長を引き受けた。八月八日と九日の『朝日新聞』に、湛山は日ソ協会会長就任の動機について、

一、自らの行動をもって同志内部にある共産主義恐怖症の偏見を是正する、

二、「平和共存の原則」を認めながらアメリカへの依存から脱却する意志を示さなかった池田外交路線に刺激を与える、

三、東西融合という歴史の流れに従い、U２機事件以降悪化に向かった東西関係を修復して社会主義との共存共栄を図る、

と語り、「このたび日ソ間のかけ橋たる一端」に立って、「与えられた余生のすべてを」東西融合の理想に捧げる決意も表明した（『全集』一四巻、三八五―三九三頁）。

2　中ソ両国への働きかけ

「U２機事件」と東西関係の悪化

一九六〇年五月のU２機事件（米のU２偵察機がソ連領空で撃墜された事件）を引き金に、予定されたパリ米英仏ソ四ヵ国首脳会談が流会となり、その後、コンゴ紛争やキューバ問

題をめぐって東西の関係は再び緊張に転じた。湛山が予言した「大変革」は、ついに現われず、期待した「雪解け」ムードも、結局、半年あまりで終止符を打たれた。

日本の国内でも、新安保条約が強行採決され、東西の関係は悪化した。こうした情勢の急変は、湛山に大きなショックを与え、「東も西も今日の言動は、まさしく気が狂ったと言うより外はありません。全く泣いても泣ききれない心地」だと深い憂慮を表す一方、人間の争いは「結局和合が実を結ぶべ」く、「私はかようの信念の下にいかに困難でも国の内外の融和の必至を固く信じてつとめます」と、自らの決意を新たにした（『石橋湛山文書』七三七番）。

周の非核武装地帯提案

一方、嬉しい便りが中国から舞いこんだ。周恩来は、一九六〇年四月の中国全国人民代表大会で、「アジアおよび太平洋地域の平和と安全を保障するため、中国政府はこの地域のすべての国が相互不可侵の平和条約を結び、この地域全体を非核武装地帯とする」提案を行ない（霞山会『日中関係基本資料集』一九七〇年、一七七頁）、八月一日、さらに「平和条約を米国も含めて結びたい」と言明した（『朝日新聞』一九六〇年八月二日）。

湛山は、周のこの提案を知って感激し、さっそく周恩来宛てに書簡をしたため、「全面的に賛意を表します」とエールを送った。書簡は、八月一七日、北京行きの鈴木一雄《すずきかずお》（日中貿易促進会専務）によって、周総理に届けられた。

訪ソの打診とフ首相からの返信

湛山は、平和同盟構想における周恩来（中国）との「一致」を見いだしてから、ソ連首脳への打診も始め、八月には、日ソ協会の理事で、モスクワで開かれる日本の商品見本市に視察団長として赴く野原正勝《のはらまさかつ》（自民党代議士）に、フルシチョフ宛ての書簡を托し、「日ソ友好親善の増進のために平和条約および文化協定の締結を希望する」意志を伝えた（『全集』一四巻、三八五頁）。野原は八月一五日、モスクワでミコヤン第一副首相と会見し、石橋会長の訪ソの意向を伝えたところ、九月一九日、フルシチョフ親署（九月九日付）の返信が、ソ連の駐日大使館を通じて石橋湛山に手渡され、少し遅れてソ日協会のネステロフ会長からの訪ソ招請状も届けられた。

ソ連側では、石橋の年内訪ソを希望したが、目の前に迫ってきた第二九回衆議院総選挙のことや、自民党内の牽制、および日中米ソ平和同盟の文案作成の都合などを考慮して湛山は、訪ソの予定を先に延ばし、代わりに日ソ協会理事長松本七郎を先に送る計画を立てた。

3　「日中米ソ平和同盟論」の誕生

「日中米ソ平和同盟論」の披露

湛山は、訪ソの計画を一九六一年五月に延ばしたが、行く前の健康診断でドクターストップがかかり、計画を取りやめた。その直後、彼は「日中米ソ平和同盟論」の執筆に取りかかり、六月一五日、第一ホテルで披露した。安倍能成《あべよししげ》・池田潔《いけだきよし》・植村環《うえむらたまき》・宇都宮徳馬・奥むめお・加納久朗《かのうひさあきら》・田中鉄三郎・平野三郎・松永安左エ門ら二〇人が招待され、案内状に彼は次のように記した。

私はかねがね日中米ソの平和同盟結成の外に、わが国を国際的に安泰ならしめ、併せて世界の平和を保つ妙策なしと信じ、昨年岸首相が安保条約の為渡米するに際しても、この線にそうて米国の意向を探ってもらいたいと依頼し、今回また池田首相の渡米に当っても同様の希望を申し述べているしだいです。ところが私のこの提案は、今日の世界の難中の難事であるソ米中の和合を計らんとするもので到底われわれの力の及ぶところでないとして多くの人は逃げ出します。……だが、そうだからとて皆が逃げておったら世界は何《ど》うなりますか……及ばないかも知れないが声の続く限りその危険を叫び知らせることはわれわれの責務ではないでしょうか。私はこう思って日本の一角からその叫をあげたいと思います……。（『石橋湛山文書』七三九番）

会合の当日、どんな話が交わされたか。確かな記録がないので詳細がわからない。この場で、趣旨説明とともに、湛山はできあがった「日中米ソ平和同盟論」の印刷物を、参加者の全員に配ったと思われる。

同論文は八月、静岡の選挙区の後援会に配布する小冊子『湛山叢書』第三号に収録されたが、正式に発表したのは、翌一九六二年五月号『中央公論』においてである。

平和同盟論の内容

主旨は、対共産圏（日中、日ソ）関係の改善は、冷戦からメスを入れなければならず、すなわち米ソ関係の改善、冷戦状態の収束から図らなければならない。当面の具体的問題として、米・ソ両国との直接対話を促進し、日米安保条約の保障範囲を日中米ソの四ヵ国に拡大していくならば、問題解決の糸口が自然に見つかるであろう。そして東西間の冷戦の終結、東亜・世界の永久平和の実現も決して夢ではない、と。

宇都宮徳馬の説明

「日中米ソ平和同盟論」を書き上げた直後の一九六一年六月一三日、自民党石橋派代議士の宇都宮徳馬が、湛山の依頼を受けて北京に赴き、廖承志に「日中米ソ平和同盟論」の文面を手渡した。六月二五日午後、宇都宮は国務院紫光閣でさらに三時間半にわたって周恩来総理と会見し、石橋の平和同盟構想を説明した。周は、「見識のあることばです。私は石橋先生からもききました。……中日米ソをして相互不可侵の基礎の上に集団安全保障条約を締結させるということは、大へん結構な理想です」と重ねて賛意を表した（『石橋湛山文書』六九五番）。

社会党の支持を求める

この年（一九六一年）の末、超党派外交の姿勢でさらに「日中米ソ平和同盟」構想を進めるため、湛山は社会党第三次訪中団の鈴木茂三郎《すずきもさぶろう》（一八九三―一九七〇）団長にも書簡を送り、社会党からの支持と協力を求めた。

超党派外交の成果

一九六二年一月一二日、鈴木茂三郎団長が周総理、陳毅副総理との会談において「日中米ソの四か国で安全保障のために平和不可侵条約を締結すべきだ」という社会党の提案を示した後、石橋から依頼された書簡を周に渡した。一月一三日に発表された「社会党訪中団と中国人民外交学会の共同コミュニケ」には、石橋湛山の主張も盛りこまれた。日本社会党使節団は、次のように認めた。アジア太平洋地域諸国間、なかんずく中国、日本、ソ連、米国の集団安全保障条約を締結することが日本の中立とアジアおよび世界平和の保障である。中国側はこれに対し支持を表明した（第二項、後略）（外務省アジア局第二課編訳『中共対日重要言論集』第七集）。

石橋湛山の「日中米ソ平和同盟」の構想は、こうして中国側の支持だけでなく、「超党派外交」を通じ、日本社会党側の支持も勝ち取り、一歩前に進んだ。

4 日ソ協会の紛糾

ソ連核実験の再開

一方、湛山の「日中米ソ平和同盟」構想の進捗とは反対に、国際情勢は悪化の一途をたどった。一九六一年八月一三日、東ドイツ政府が冷戦の象徴ともいうべき「ベルリンの壁」を構築しはじめ、これに対し、米・英・仏三国が西ドイツにおける駐留軍強化の政策に踏み切った。八月三〇日、いったん核実験の中止を宣言したソ連が、実験の再開を声明し、一〇月三〇日、かつてない五〇メガトンの超大型の核爆発を成功させた。ソ連に対抗してケネディ（一九一七―一九六三）米大統領も九月五日、米国の核実験の再開を命じた。国際情勢の急変は、順調に漕ぎだしたばかりの日中米ソ平和同盟の構想に大きな障害をもたらしたと同時に、核実験の是非をめぐって日ソ協会内部も分裂した。

支持声明と日ソ協会の内部分裂

日ソ協会とは、もともと保守党系、共産党系、社会党系、日本労働組合総評議会（総評）、原水爆禁止日本協議会（原水協）など、左右各派のメンバーが共存した民間組織で、「親ソ」と「親共」という、必ずしも一致しない目標を持つため、内部の勢力関係が極めて複雑であった。とくに当時、ソ連と友交的であった共産党系（および社会党左派系）の活動家たちが同協会を反米・親ソの政治的目的に利用しようとする傾向は強かった。ソ連の原爆実験再開の声明に対して、九月四日、帆足計《ほあしけい》（社会党左派代議士）、堀江邑一《ほりえむらいち》（マルクス経済学者）、穂積七郎《ほづみしちろう》（社会党左派代議士）らは、核実験を支持する協会名義の声明を発表し、波乱を巻きおこした。

これに対して協会幹部馬島僴（医師）、北村徳太郎（自民党代議士）、茅誠司《かやせいじ》（東大総長）、太《おお》田《た》薫《かおる》（総評議長）らはつよく反発し、声明の取り消しを求める一方、茅誠司副会長が抗議のため、ただちに辞表を提出した。日ソ協会は、ここで創立以来の最大のピンチを迎えたのである。

機構改革の申し合わせ

会長石橋湛山は、ソ連の核実験の再開につよく反対していた。日ソ協会のソ連支持の声明が問題となった九月一四日、石橋は、馬島・北村・一之瀬《いちのせ》一次《かずじ》（常務事理）ら協会の首脳を自宅に招き、協会名義の声明への反対意志を確認したうえ、協会の機構改革を申し合わせた。

同日午後開かれた日ソ協会の常任理事会で、馬島・北村ら協会声明反対派が「いかなる理由があっても核実験は許せない」と協会声明の修正を求めたが、賛否両論の対立で結論が得られず、結局、すべてが一〇月予定の同協会全国理事会の議決に委ねられることになった（『読売新聞』九月一五日）。

支持派の優勢と石橋会長の脱会

一〇月五日に開かれた全国理事会には、馬島僩・松本七郎ら九六人の理事が出席した（石橋会長は欠席）が、情報をつかんだ共産党系の代表が事前に総動員をかけ、数のうえで声明の支持派が優勢を占めた。午前の大会では、声明撤回を主張する自民党・総評・社会党代表側と、撤回反対の共産党側代表の間で激しく対立して折り合いがつかず、午後三時の小委員会において、石橋会長の脱会声明が公表された。これに従い、宇都宮徳馬・北村徳太郎・高碕《たかさき》達之助《たつのすけ》ら自民党代議士の脱会も決定的となった。

日ソ協会会長の地位を利用して日中米ソ平和同盟推進の窓口にすることが、もともと湛山の真意であったが、しかし、協会多数派の親ソ・反米の姿勢によって、核兵器実験まで賛美されるようになった。この期に及んでは、会長の職は、もはや当初の目標の達成に役立たない。一方、脱会の行為は、せっかく開いた対ソ交渉の窓口をみずから閉鎖することも意味し、湛山にとって真に苦渋の選択であった。

三　第二回訪中と訪ソ

1　交誼修復の努力

フルシチョフへの手紙

日ソ協会会長を辞した湛山を悩ませたのは、ソ連政府要人との信頼関係が冷却してしまったことである。ソ連が欠けると、いくら努力しても同盟建設の話は始まらない。どうしてもソ連を訪問したい、フルシチョフ首相に会いたい。交誼修復は、まもなく石橋個人の名義で始まった。

一九六二年五月九日、湛山は深慮の末、フルシチョフ首相宛に打診の書簡を送った。

私は、閣下の平和共存の主張に全面的に賛意を表し、心から敬意を表するものであります。私の考えるところでは、平和共存なくして、今日、全世界において人類が生存をつづけうる道はないものと信じます。……この目的のために、まず貴国と日本との平和条約を締結し、これをもって人類は善意をもって交際することが、決して不可能ではないことを示す先例としようではありませんか。……もし私の前記の言葉に幾分の賛意を表していただけるならば、この際私はあらためて貴国を訪問して、閣下にお目にかかり、細部にわたってご相談をいたしたいと思います。（『全集』一四巻、四五三頁）

これに対するフルシチョフ首相の返答は、一九六二年七月二日、湛山の自宅に尋ねてきたソ連駐日公使スダレフによってもたらされた。首相は平和共存論への石橋の支持に感謝し、また、平和共存の原則は、人類繁栄の保障であるという石橋の意見にも賛同した。石橋の訪ソ希望に対しても、いつでも歓迎する、という（『全集』一四巻、四五四頁）。

フルシチョフの返事は、核実験がもたらした暗雲を払い、湛山に大きな希望を抱かせた。この返事を受け取るや、彼は再度、ソ連訪問の決意を示したのである。

訪ソの決意

一九六二年九月の訪ソ計画は、双方の事務調整により翌年五月に延ばされ、この後、さらにソ連政府の要請で九、一〇月に延期された。この時点で、湛山はすでに北京日本工業展覧会の総裁に就任し、北京への出発（九月末）が目前に迫っていた。それなら「ソ連にも一緒に行こう、ソ連から中共へ入るか、あるいは帰りにソ連へ行くか」と、湛山は訪中の計画を練り直したところ、政治上、または健康上の理由でやむをえず断念した（『経済論叢』一九六四年一月号）。湛山が訪ソの念願を果たしえたのは、これよりさらに一年後の、一九六四年九月である。

2　第二次訪中

北京日本工業展覧会

一九六二年一一月九日、中国対外人民友好協会副会長の廖承志と、日本経済代表団団長の高碕達之助の間で「日中総合貿易に関する覚書」（LT貿易協定）が取り交わされ、これにより、一九五八年四月の長崎国旗事件以来中断されていた日中間の貿易関係が回復した。LT貿易の波に乗って、一九六三年一〇月、北京日本工業展覧会（以下「日工展」と略称）が企画され、石橋湛山は展覧会の総裁として再度中国の土を踏んだ。ただ、この時の彼の真の目的は、展覧会にではなく、周恩来総理に会い、じかに「日中米ソ平和同盟」の理想を訴えることにあった。

第二次訪中の真の目的

「日工展」総裁に就任した際、湛山は、「本展覧会が日中関係改善と邦家の貿易振興のため、またアジアと世界の平和のためにも有意義な事業と確信いたしまして……」（『石橋湛山文書』六七六番の三）と挨拶したが、貿易を通じて、日中関係の正常化と日中米ソ平和同盟の推進への意欲をのぞかせていた。この点に関して、のち『経済評論』一九六四年一月号に載せた「変わってきた中国」に、湛山自身も隠さずに、「日工展」の総裁とは「今度行った表向きの理由ですよ」、中共の首脳に会うのが「私の目的」だと認めた。

出発間近の一九六三年九月一七日、湛山は廖承志宛の電文に、周恩来総理との会談を申し込み、また、出発当日（九月二四日）の記者会見でも、中国に着いたら「毛沢東《もうたくとう》、周恩来、劉少奇《りゆうしようき》氏をはじめ中国の諸君と、日中国交正常化については、ふたたび隔意なく話しあうつもり」だ、と訪中の本意を打ち明けた（『石橋湛山文書』六七六番の一九）。

言論人の民間外交

北京滞在中に書いた『北京から一筆啓上』（小冊子、石橋湛山記念財団蔵）において「一評論家」「一民間人」とする自分の顔を強調し、「一民間人としての外交」を進め、「アジアの平和」「世界の平和」「世界人類の共存共栄のみち」について話し合うことこそ、自分の真の姿であると表明した。

日工展開幕式

展覧会は一〇月五日、北京で盛大に開幕し、李先念《りせんねん》国家副主席、薄一波《はくいっぱ》国務院副総理、彭真《ほうしん》北京市長、石橋湛山「日工展」総裁をはじめとする日中双方の各界関係者四〇〇〇人あまりが除幕式に出席した。この席上、中国側の態度は非常に友好的だった。聞き慣れた日米・日台関係批判、米国・日本政府非難の言葉はほとんどなく、唯一「アメリカ帝国主義」の言葉を操った人物は、皮肉にも日本側の副総裁であった鈴木一雄であった（『亜細亜通信』一九六三年一〇月八日号）。展覧会は、一〇月三〇日まで北京で、また、一二月一〇日から同三〇日まで上海で開催され、新中国建国以来の最大規模の展覧会として大成功を収めた。

石橋総裁一行は九月二八日に北京入りし、翌二九日午後、人民大会堂で周恩来総理との再会を果たした。ただ、この会見はいわば、「日工展」側全体に対する中国政府の表敬儀式で、もちろん周と「日中米ソ平和同盟」について話し合う機会が得られるわけはなかった。

国慶二四周年の祝典

一〇月一日、石橋湛山は、外国元首クラスの賓客にまじって国慶《こっけい》二四周年の祝典に参列し、翌一〇月二日、毛沢東中国共産党主席、劉少奇国家主席、および朱徳《しゅとく》人民代表大会委員長との会見も実現させた。待ちわびた前回と違って、北京入りしてわずか五日間で、湛山は、中国の最高指導者たちとの会見をすべて果たしたのである。

平和同盟の建設を訴える

「日工展」開催の間、湛山は、展覧会の業務にほとんどタッチせず、一民間の外交家、「評論家」として「日本工業展覧会の重要な意義」の文章を『人民日報』に寄稿したり、座談会を開いて世界平和についての意見を述べたりした。このなかで湛山が中国の民衆に訴えたのは、世界平和の大切さであり、また、引き続き「日中米ソ平和同盟の建設」を推進しようとする自らの抱負であった。

「円満」の背後の無念

3　周恩来総理との会談

一〇月九日は、石橋総裁一行が北京を発つ予定日であった。「日工展」総裁の責務を果たし、「東亜、世界の平和」理念についても、中国政府各方面の関係者と幅広く意見を交換した。また、毛沢東・劉少奇・朱徳など中国の党・政府要人と会見を果たしたほか、期待していた周恩来総理との面会も実現した。望んだ「ひざをつきあわせた」懇談こそ実現しなかったものの、国慶節前後、分秒単位で八〇数ヵ国の来賓と頻繁に会う周総理の「非常に忙しい様子」を見ると、湛山は、再び会見を申し出る気にならなかった。北京を発つ前の湛山の心情は複雑であった。このまま帰国しても、まわりの誰もが、「日工展」総裁としての訪中は円満な成果を収めたと、受け止めるに違いない。しかし、周総理と「日中米ソ平和同盟」問題についての意見交換という最大の目標を達せ

第2次訪中　周恩来との挨拶（1963年9月29日）

なかったことは、心残りであった。次の機会はいつになるかを思うと、いっそう無念さが募る。

この湛山の心中を察したかのように、この日、多忙を極める周総理から突然、「どうしても再び懇談したい」との申し込みが伝えられた。周の申し込みに接して、帰国の支度を済ませた湛山は、望外の喜びと感激に身を震わせた。彼は、急遽日程を変更し、午前一一時から単身で国務院に赴き、二時間半にわたって、周恩来・廖承志と三人だけの会談をもつことができた。

念願の石橋・周会談の実現

会談において湛山は、日中米ソ平和同盟を促進するための二つの具体的な問題——日中平和条約の締結と中ソ両党の理論論争——を中心に、周恩来の意見を聞き、また自分の見解を述べた。

台湾問題

日中平和条約の締結について周は、「長い目でみれば、日中平和条約は結局、締結しなければならない」としながら、台湾問題の未解決を取り上げ、現時点では「時期尚早」との意見を述べた。これに対し湛山は、台湾問題という中国の「国内問題」を理由に日中平和条約の締結を拒むのは、日本にとって「はなはだ迷惑だ」と反論し、この反論を受けて周は、台湾問題はたしかに「国内問題」であるが、アメリカの親台政策によって国際問題に拡大され、結局アメリカの態度が変わらないかぎり解決の糸口が見つからない、と説明した。

中ソイデオロギー論争への批評

中ソ間のイデオロギー論争については、日中関係面での歩み寄りとは反対に、湛山は厳しい意見を周にぶつけた。「中ソの論争はまことにつまらぬことのように思える。あんなバカなことをなんの必要があってやるのか。……二つの国が分裂することは両方とも損であり、いっしょになっているほうが得であることは明白だ。……東洋の平和ということを考えても、中ソ両国が仲よくしている必要がある」、とたたみかけ、これに対し周は、中ソ論争はあくまでも「原則論」に関するもので、中ソ間の国交問題、また中ソ友好条約に影響を及ぼすことは決してない、と弁明した（『全集』一四巻、四四八―四四九頁）。

湛山はこの会談で、日中米ソの関係について周と膝を突き合わせて意見を交換し、自分の立場・見解をもって周を説得したり、また、逆に周の現実主義的立場を理解し、自ら反省したりすることもあった。会談は前回（一九五九年）と違い、終始友人同志として和やかな雰囲気のなかで行なわれ、日中米ソ平和同盟建設の構想も、石橋・周によって再確認された。

4 ソ連訪問のあらまし

訪ソの課題

ソ連を訪問して「平和共存」を唱えるフルシチョフ首相に会い、じかに日中米ソ平和同盟について意見を交換することは、湛山が第一回訪中後に抱きつづけた念願の一つであった。訪ソ計画を数回立て、ソ連政府の招待状も三回受け取った。が、いずれも病気や党内部の牽制などの事情によって、実現せずに終わった。一九六四年に入ると、湛山はソ連訪問の実現を、年内最大の課題に据えた。

ミコヤン副首相と会談

五月、石橋湛山は来日したソ連の第一副首相ミコヤンと迎賓館で会い、領土問題、中ソ論争問題などについて、意見を交換した。会談の席で石橋は北方領土の返還を迫ったが、それに対してミコヤンは、領土問題が「鳩山内閣当時すでに解決のついている問題である。海にめぐまれないソ連にとって北方領土は価値があり、日本に返還することはむずかしい」(『日本経済新聞』一九六四年五月一七日)と、ソ連の公式見解を示してこの要求を退けた。

そのほかにも、湛山は会談を通じて、関心のある諸問題につき、ソ連側の意向を探ったが、いずれも満足できる返答が得られなかった。湛山は、ミコヤンの強硬な態度に失望し、その背後にある「ナショナリズム」の存在を強く感じるようになった。「この問題は、もうミコヤンなんぞよりもっと上の立場の人間でないとできない」(『経済評論』一九六四年一二月号、一四九頁)と、湛山はいっそうフルシチョフに会う決心を強めたのである。

訪ソの目的を語る

石橋湛山の訪ソ日程は、九月二二日から一〇月一三日までの二〇日間に決まり、そのなかの九月二六日からの一〇日間はソ連滞在であった。訪ソ団の構成員には、湛山夫妻のほか、東洋経済新報社の大原万平《おおはらまんぺい》常務、帝国書院の守屋紀美雄《もりやきみお》社長、医者の広川勲《ひろかわいさお》、個人秘書の中島昌彦《なかじままさひこ》の六人がいた。出発前、湛山は新聞記者に、今回は、

フルシチョフ首相、ミコヤン最高会議幹部会議長、パトリチェフ貿易相らと会談し、

一、米、ソ、中共、日本四ヵ国による極東の「平和地帯」構想、

二、ソ連の新五ヵ年計画に盛られるシベリア開発協力

の二点を提言する予定である

と語り、また、日中米ソ平和同盟の構想について、「この構想をぜひ実現させる地域を作りたい」と、抱負を示した(『毎日新聞』一九六四年九月二二日)。

不透明な日程

ソ連国内での活動計画について、おおよその見当はつくが、具体的な手配はすべて接待側に任せるかたちで、いつどこに行くか、誰に会うかは、事前にまったくわからないありさまであった。二六日、石橋湛山一行は、まず市内の工場に案内されたあと、ネステロフ全ソ商業会議所会頭と会談に入り、懸案だった日ソ合同商業会議所の設立問題に

ついて意見を交換した。

このあと、シベリア視察のため、一行は二七日、飛行機でイルクーツクに向かい、二八日、ブラーツクで大型の木材コンビナートおよび水力発電所を見学してから、二九日、水中翼船でアンガラ川を下ってバイカル湖畔に到着した。ここで見学・休憩した後、三〇日、飛行機でレニングラードに向かい、一〇月一日は同市で見学し、翌二日、六日ぶりにモスクワに戻った。今度こそ、フルシチョフ首相との会談が実現するだろうと湛山は期待したが、その気配はいっこうに見られなかった。

ソ連訪問時の湛山とネステロフ（左）

湛山の焦りと不安

湛山の焦りと不安は、次第に高まった。一〇月二日、湛山がソ連の対外文化連絡委員会および調整委員会を訪問したあと、三日の一日中、また市内見学に案内された。つづく四日は一日中ホテル詰めであった。この日、片山潜《かたやません》の娘片山やすとホテルで会見した。そして、モスクワを立つ予定の前日（五日）、やっとネステロフの案内で貿易大臣パトリチェフとの会談が実現した。この会談は、結局、石橋湛山のソ連訪問中最高格式の会見となった。

フ首相と会えぬ

同夜、石橋団長は日本大使館で別れのパーティーを主催し、ネステロフらを招待した。席上、あきらめきれぬ湛山は日程の変更も辞せずに「この時再度ネステロフ氏にフルシチョフ首相に面会の要請するも確たる返事なきため」（『石橋湛山文書』七三一番の一〇）、面会を断念し、帰国を決意したのである。

フ首相追放

フルシチョフ首相と会えなかったことには、特別の理由があった。実は、ちょうど石橋訪ソの間、ソ連共産党内でフルシチョフ首相を追放するためのクーデターが準備されていた。一〇月初め、フルシチョフが黒海沿岸の別荘で休暇を楽しんでいるところ、モスクワで各州の中央委員の成員が秘密に召集され、フルシチョフ追放の計画が伝えられた。このあと一〇月一一日、二三人が出席した党中央の幹部会が召集され、フルシチョフ、ミコヤンを隔離したまま、首相の解任問題が討議された。一三日、フルシチョフは軍用機に護送されてモスクワに戻ったが、大勢挽回のすべはもはやなかった。一四日、フルシチョフ追放の決定がくだされ、ただちに中央委員会の総会によって承認されたのである（『フルシチョフ権力の時代』御茶の水書房、一九八〇年、一八七―一九〇頁）。

この綿密に計画されたクーデターの前、フルシチョフとの通信は厳しく管理され、もちろん石橋湛山の来訪およびフルシチョフとの会談の希望を、黒海の別荘にいる本人に知らせるわけはなかった。

出発前、一〇月六日の記者会見で湛山は、パトリチェフ貿易相との会談内容を報告してから、「フルシチョフ首相と会見するつもりだったが、時間の関係で実現しなかったので、次の機会にゆずりたい」（『読売新聞』一〇月七日）とお茶を濁し、その後、モスクワをあとにしてパリに向かった。湛山一行は、静養をかねてパリでは四泊、コペンハーゲンで二泊した後、一〇月一二日、アンカレッジ経由（北洋航路）の日航機で帰国した。

帰国途中の湛山の心情は暗いものであった。同行した大原万平の話によると、旅中湛山はずっと口をつぐんだままでむっとした表情だった。コペンハーゲンに着いた一〇月一〇日は、東京オリンピック大会の開会式の日だった。ホテルで、大使が持参してきた小型テレビの前で一行は画面に食い入るように入場式を見ていたが、この時も、湛山だけ笑顔を見せなかった。帰国後、ラジオでフルシチョフ首相が失脚したニュースを聞いてから、やっと納得するように顔の表情が弛んだ、という。

個人の命と政治的生命をかけ、五年近くも計画してやっと実行に移した念願のソ連訪問は、結局最大の目的——平和共存、日中米ソ平和同盟についてフルシチョフ首相と会談する——を達せずに終わってしまった。八〇歳を過ぎ、病弱の身体も活動の限界に達した。この最後のチャンスを逃した湛山の無念さが、容易に想像される。

5　フルシチョフ首相退任後の情勢認識

五里霧中の世界情勢

深まりつつある湛山の信念とは裏腹に、米国の中国封じ込め政策の強化、中国の原爆実験成功、中ソ論争のエスカレート、フルシチョフ首相失脚など、極東における国際関係がいっそう複雑さを増し、湛山が熱望した冷戦緩和、平和共存の実現もますます遠ざかっていった。とくに「平和共存」論の主張者フルシチョフの不在は、日中米ソ平和同盟の推進にいっそう暗い影を落とした。この国際関係の現実を、石橋湛山はどのように受け止めていたのか。

平和共存論の不磨

一〇月二四日号『週刊東洋経済』（『新報』から一九六一年一月改題）に載せた文章「フ首相退任後のソ連にのぞむ」において、湛山は、

私の関心はだれがソ連の実権者になるかということではない。……フルシチョフ氏の平和共存政策が相変わらず続けられるかどうかということである。……平和共存以外に人類を生かす道はない。だからこれがソ連によって実行されるならば、だれが実行するかはあえて問わない。（『全集』一四巻、四五七頁）

と、平和共存論の不磨を訴え、つづく次号『週刊東洋経済』に「共産主義を救った平和共存」を載せ、思想的に、フルシチョフの平和共存論は「マルクス＝エンゲルスの共産

党宣言以来のエポックメーキング（画期的）な一大発見だ」と、称賛した。

フルシチョフ理論の評価とは対照的に、湛山は、毛沢東のプロレタリアの武力革命の主張を「固定した主張」、「誤りである」と批判し、ソ連共産党が「修正主義」であるという中国からの非難に対し、「思想は常に修正すべきもの、修正されていかなければならぬものだ。修正主義が思想の正しい筋道である、私の確信しているところはこれである」と述べた（『全集』一四巻、四六一頁）。

民族主義・ナショナリズムは平和共存の敵

一九六四年一〇月、中国の原爆実験の成功は、日本国内に反共親米の世論を呼び起こし、日中関係の改善、また、東西両陣営の平和共存論にも不利な影響を及ぼしはじめた。世間に沸き上がった反共意識と「平和共存」への懐疑論に対し、湛山は「私は、年来、平和共存論を提唱してきたが、これは今回の事件（中国の原爆実験——引用者注）によっても、いささかも訂正の必要を認めない。もしも、これに反対だというならこれに代わる構想をみせて欲しい。人類は、平和共存の路線を歩む以外に、生きようがないではないか」（『週刊東洋経済』一九六四年一一月一四日号）と自らの信念を再び表明した。

一方で湛山は、複雑な国際情勢の変化から教訓を汲み取り、「社会主義も資本主義も一緒になる見方は変わらないが、具体的にどういう形でどういう過程をへておこなわれるかは大変むずかしい問題で、ぼくもよくわからない。今後も大いに勉強しなければならない」と、自らの甘い情勢観をも反省した。こうした反省と情勢分析を通じて、湛山は、各国の「民族主義、ナショナリズム」こそ、平和共存を妨害する最大の原因であるという、新たな見解に到達した（「私の信条・資本主義と社会主義」『経済論叢』一九六四年一二月号）。

湛山の平和同盟論の特徴

湛山が推し進めてきた「日中米ソ平和同盟」構想は、狭い意味から見れば日米安保構想の代替案という面がある。社会党の主張と周恩来の意見には、こうした米国牽制の意図が強かったように思われる。しかし、石橋湛山の主張は、決してそれへの付和雷同ではなく、

一、平和への真摯な追求、

二、天下一家の理想主義、

三、脱イデオロギーの「第三の生活原理」を求める、

という点で、他の論と区別される。また、湛山の「日中米ソ平和同盟」構想も、日本の安全保障のために考案した一時的な主張ではなく、その原型は、さかのぼって戦時下に書かれた戦後世界一体化の「世界経済機構案」から見られ、その後の「世界国家」、「世界連邦」論にも現れていた。哲学的にはこの構想が田中王堂流の社会生活機能論によって支えられ、いわば湛山の思想哲学の一部というべき性質があった。

四　晩年の湛山

1　軍備全廃論

一九六五年に入ると、一時小康状態を保ってきた湛山の病状は、再び思わしくない方向に向かった。断続的な言論活動こそなんとか維持できたものの、外に出かけて、政治・社会活動に参加することは、非常に困難な状況にあった。にもかかわらず、湛山は最後の力を振り絞り、命がある限り努力をやめようとしなかった。

一九六五年の年初に、彼は東西関係の緩和を念じ、今年も「機会があれば是非中国へ行きたい」、日ソの航空機の相互乗り入れが実現したら「一番機に乗って訪ソするつもり」、「朝鮮も前に見たことがあり、非常に変化したと聞くので行ってみたいと思っている。ベトナムも一度行ってみたい」と抱負を語り（『国際貿易』一九六五年一月号）、一月六日、訪米前の佐藤栄作首相に会う時も、冷戦緩和の希望を述べるとともに、「北朝鮮訪問に対する協力」を要請した（『全集』一五巻、四一七頁）。佐藤の訪米は、湛山の希望を裏切るかたちで終わったが、その後、湛山は日中米ソ平和同盟促進の役割を自ら果たそうと、アメリカ訪問のチャンスを伺い、同時にひそかに北朝鮮訪問の計画も練り上げていた。

ベトナム戦争下の再軍備論

一九六五年後半から、湛山が関心を示すようになったのは、日本の再軍備問題である。アメリカはベトナムにおいて「北爆」を開始し、これに対抗してソ連・中国も北ベトナムに対する軍事支援を強化した。ベトナム戦争は、東西両陣営の代理戦争としての性格がいっそう明確となり、極東地域における国際情勢の緊張感も日増しに高まりつつあった。これを背景に、日本国内でも再軍備をめぐって、さまざまな議論が花を咲かせた。

このような険悪な国際情勢に直面し、湛山は軍備全廃の理想主義を掲げ、核拡散に対し「日本としては核兵器の全面的廃棄を主張し続けるよりほかない」と反対し、ベトナム紛争についても、「メンツ」にこだわらずに「お互いにことばを慎む」よう、要請した（『週刊東洋経済』一九六五年八月一四日号）。

中落合宅の書斎での湛山（1963年９月）

岸信介の再軍備演説

岸信介は一九六五年一〇月、アメリカの雑誌 *Foreign Affairs* に日本の保守党は憲法第九条を削除して再軍備のため大同団結すべきだと訴え、その前の九月三日、経済倶楽部において同趣旨の講演を行ない、世間で物議を醸した。

岸の再軍備論に対し、湛山は「ぼくは第九条は削除すべきではないと思う」、「日本は丸腰で安全だ」（同前）、「日本は軍備をふやす金を、国民に満足を与えるような福祉政策に向けるようにするのが、実は国防を安全にする道だ。ともかく、憲法を守っていくことが、いちばん賢明な道だ」（『週刊東洋経済』一九六五年一一月二〇日号）と語り、岸と対決する姿勢を強めた。

国民の生活改善は最高の国防

岸の理論を撃破するため、湛山は一九六五年一二月、不自由の左腕（この時期の湛山の右腕はすでに完全に麻痺した）で「岸君は米誌に助てもらったか」という文章を草した。岸の「共産主義危険」論に対し、今日恐れられている「共産主義」は思想上の共産主義ではなく、共産主義の名を冠した帝国主義・国民主義（ナショナリズム）であり、前者は「思想問題」で、力によって撲滅できないし、恐れる必要もない。「人間の幸福」という目標のもとでやがて「修正」され資本主義と一緒になる。これに対し、後者の帝国主義・国民主義こそ危険であり、警戒すべきである。また、軍備論に対し、「私は左様な軍備を要しないでも誰れも戦争をしかける心配のない方法があると信ずる。それは侵入されても奪われる何物も持たない方法である」。今日の日本はこのような植民地も権益もない小国なので、侵略者が戦争をしかけてくる理由が存在しない。「従って我々は軍備を以て国の防衛をする必要はない。そのかわり、軍備に費す物資労力を以て国民の生活を改善するがよい。それこそ最も優る国防である」、という（『自由思想』一九九一年五月号）。

ここに現れた再軍備否定論は、湛山の理想を表しているが、「盗むものがないから泥棒が入ってこない」という理論は、説得力に欠けると言わなければならない。湛山自身もこの弱点に気づいたようで、生前ついにこの論文を公にすることはなかった。

憲法第九条を守る

一九六六年新年号『週刊東洋経済』では、岸の共産主義排斥論は「非常に危険な考え方で、私としては同調できるものではない」。中国敵視は、「やがて日本を再び軍国主義に追いやることになると思う」と述べ（『全集』一四巻、四一三頁）、また、一九六五年末、中政連（日本中小企業政治連盟）での講演でも、同主旨の論を繰り返した。講演のなかで湛山は、また最近活発化した憲法改正の論争に触れ、「この九条については、マッカーサーに無理やり押しつけられたものだからと改憲を論ずるものもいるが、良いものは誰が押しつけたものであろうと構わない」。日本国憲法の第九条は、「世界人類に向かって恒久平和を総国民が願っているという訴えでもあるので、私は人類最高の宣言であると信じている。それが少し時勢に早かったというのであれば、……修正の箇所だけあとに加えることにするのが、最良の名案だ」とした（『全集』一六巻、五五〇頁）。

「日本防衛論」

軍備反対に関する湛山の最後の論文は、一九六八年一〇月五日号『週刊東洋経済』に載せた「日本防衛論」であった。一九六八年、チェコスロバキアが自由化政策を打ち出し、社会主義陣営からの離脱を図ったが（いわゆる「プラハの春」）、八月二〇日、ソ連の武力侵攻によってたちまち弾圧された。丸腰・無抵抗の惨めさを見て、日本国内では防衛力増強の世論が再び沸き上がった。

国際社会の制裁力

これに対し湛山は「軍備の拡張という国力を消耗するような考えでいったら、国防を全とうすることができないばかりでなく、国を滅ぼす」。「このさい、われわれのなすべきことは、……世界に対しては、国連を強化し、国際警察の創設によって世界の平和を守るという世界連邦の思想を大いに宣伝し、みんながそれに向かって足なみをそろえるように努力する。これ以外に方法はない」と、主張した（『全集』一四巻、四二二頁）。

軍備不要論へ

湛山の日本防衛構想はこうして、日中米ソ平和同盟の主張と推進の活動の展開に従って、一九五〇年代の自主防衛・限定軍備の立場を離れ、日米安保肯定の姿勢も、一九六〇年代以降姿を消した。晩年、ついに軍備・防衛不要論に達し、理想的平和主義の色彩がいっそう濃くなった。

2　理想主義への回帰

病状悪化のなかで

一九六六年二月、湛山は手足に麻痺状態が生じて入院し、その後、全身の自由を失い、車椅子に頼る入退院生活を繰り返していた。このため、一九六八年三月をもって立正大学学長を辞任した後、彼は一切の社会活動から身を引き、一九七三年四月に亡くなるまでの七年間、病床で読書と闘病の生活を余儀なくされた。

病状悪化のため、一九六六年以降、湛山の言論と活動の記録は少なくなり、わずかに残した論説文は、『週刊東洋経済』に載せた四つの「時言」（口述）であった。前に触れた「日本防衛論」は、そのなかの一つである。

政治家のあり方

これら絶筆とも言うべき「時言」を通し、病床にいた湛山は、自らの自由主義と個人主義の理解を中心に、六〇年にわたる長い言論人生・政治人生を締め括ろうとしていたのである。

一九六六年一一月一二日号『週刊東洋経済』に載せた「自由主義の効果」において、湛山は、自由主義はイズムではなく、社会実践の行動様式であり、「ある特定のイデオロギーにとらわれることなく、……事実に合わない理論なら、その方がまちがいなのだから訂正すべきものだ」と自らの理解を示し、一九六七年二月の時言「政治家にのぞむ」では、政治家は自分の利益、派閥の利益のためではなく、「自分の信ずるところ」、また「国家・国民の利益を念頭において考え、行動」する心得が重要であると訴えた（『全集』一四巻、四一六—四一七頁）。

宗教意識への回帰

晩年の石橋湛山の思想には、現実主義の面が退色し、日本と世界の未来を展望する理想主義的色彩が次第に濃くなった特徴が指摘される。現実性の乏しい「日中米ソ平和同盟」の理想に執着するようになった。この変化には、外因として政党・政界の中枢からの離脱により、自由な言論環境を得た理由が考えられるが、内的には、湛山の晩年における宗教意識への回帰という現象も指摘されよう。

大病後の湛山は、これまでの人生中心、実用中心のプラグマティズムの宗教理解を乗り越え、その内在的精神世界を求めるようになった。死への足音がだんだん近づいてきたが、「東西和合」の大事業が、なお完遂できないまま残っていた。ここに至り、生身の人間、凡俗の力によって成し遂げようのない悲願を、宗教世界の精神力によって内在的に成就し、また、平和、博愛、無我、大度の宗教精神によって互いにいがみ合い、闘い合う世俗の人間を心から清めようとしたのは、晩年の湛山の内心世界の一端であったと考えられる。

斎藤栄三郎の話によると、一九五七年六月、彼は伊豆長岡の南山荘に療養中の石橋を訪ね、「御心境」の書を求めたところ、「一心欲見仏　湛山」を書いてくれた。これは、療養中「悟りの境地に入ろうと努力している姿」であると斎藤は言う（『名峰湛山』二六五頁）。

「一念三千」の願い

湛山は言う。「東洋には「一念三千」ということばがある。仏教の中の教えだが、すべてのものが自分の考え一つで、仏を念ずれば仏になり、鬼を念ずれば鬼になる。いま、世界に平和をもたらすのも、動乱のるつぼに投げ込むのも、人間の心一つにかかっている」と（『全集』一四巻、四〇七頁）。

また言う。「今や世界は未曽有の危機に瀕し、一朝誤れば、人類破滅の悲惨事さえ生ずるかにいわれております。この事態を救うものは、世界を一仏土にする平和の教えのほかにはあるまいと思います」（『全集』一四巻、五四三頁）。

キリスト教の博愛主義

日蓮宗を信仰の土台とした石橋湛山は、晩年さらにキリスト教も受け容れた。病後の枕元に聖書が置いてあり、主治医の橋本寛敏医師の発声テストの要請に、聖書の朗読で応じた（『名峰湛山』二三〇頁）。また、自宅の玄関に自ら書した「野の百合花は如何にして育つかを思へ、労《つと》めず紡がざるなり」という聖書マタイ伝のレリーフを飾り、のち聖路加病院入院中の時も、毎週日曜の礼拝に欠かさず参加していた、という。

聖書マタイ伝のレリーフ

中落合の自宅玄関壁面に飾られたもので，「野の百合花は如何にして育つかを思へ，労めず紡がざるなり　湛山」とある．マタイ伝6章28節からとられた一節である．

キリスト教の博愛精神、寛容の思想や、仏教の慈悲、「平和の教え」と「一念三千」の執念が、晩年の湛山老人の理想主義的精神世界を支え通したと思われる。

3 湛山の死

湛山の病状記録

石橋湛山が一九六六年二月に聖路加病院に入院してから、自民党の幹部大久保留次郎《おおくぼとめじろう》の葬儀へ参加（二月）したほか、外出活動の記録はない。その後、一九七〇年二月に重い肺炎で、一年半近く聖路加病院に入院し、退院後は、鎌倉（娘歌子の宅）、中落合の自宅で療養し、亡くなるまで主治医日野原重明《ひのはらしげあき》の往診を受けた。日野原の記録によると、最晩年の湛山は、

煙草の吸い過ぎのための持病の慢性気管支炎からしばしば肺炎を併発し、数回入院をされ、お世話したが、八五歳で病まれた昭和四五年二月の気管支肺炎は重く、糖尿病が加わって、一年三ヶ月の入院となり、退院後約一年、鎌倉の別邸で療養され、私は月一回往診した。昭和四七年七月からは病状が悪化し、東京落合宅に帰って療養されたが、次第に衰弱が進み、昭和四八年四月二五日、満八八歳七ヶ月で死亡された。（『自由思想』一九八二年二月号）

病床中の湛山

長男湛一《たんいち》（故人）は、一九七二年七月以降、自宅療養中の湛山の様子について次のよ

うに書いている。

今、父は病床にてある、自分で自分の体を自由に出来ない苦痛の日々を送っている。殊《こと》に昨年八月母を喪ってから淋しい病床生活である。暑いの、寒いの、気分が良いか悪いか、など話しかけても、いつも同じことばかり言っているではないかとばかりろくな返答もしない。しかし、経済問題、社会問題、外交問題など具体的な話をすると目の輝きを変えて一層詳しく知りたがる。（『人と思想』二四三頁）

キッシンジャー訪中の吉報

こうした闘病生活のなか、一九七一年七月、米大統領の特使キッシンジャーが秘密訪中し、周恩来との会談を通じて中米関係の調整を行ない、これを踏まえて一〇月、ニクソン（R. M. Nixon, 一九一三―一九九四）米大統領が来たる一九七二年に訪中する計画が発表された。

最晩年の石橋湛山（1969年12月）

病床から湛山は、「ニクソン米大統領の訪中によって、いちばんむずかしいとみられた米・中間の話し合いが、実現することになった。私の構想実現に向かって、歴史的な巨歩が踏み出されたものと、私は双手をあげてこれを支持し、大いに満足している」とのメッセージを発表し

た（『週刊東洋経済』一九七二年一〇月二一日号）。

田中角栄の挨拶

翌一九七二年七月、田中角栄《たなかかくえい》内閣が成立した。日本政府は、ニクソン米大統領の中国訪問などによって高まってきた日中国交正常化の気運に応え、九月下旬、田中首相による北京訪問の日程を決めた。出発の前、田中は中落合の石橋邸に挨拶に上がり、玄関で石橋の車椅子での出迎えを受けた。身体が不自由になっても、この時の湛山の目には希望と感激が輝いていた。訪中の結果、両国首脳が「日本国政府と中華人民共和国政府の共同声明」を発表して、日中国交正常化がついに実現した。

国交正常化へのメッセージ

この長年の宿願の達成に湛山は満悦し、「日中国交回復に当たって」のメッセージを発表してこの慶事を祝った。

> 私は、自民党総裁に選ばれ首相の地位についたとき、日中の国交正常化に取り組む肚《はら》を固めた。不幸、病いのため職を辞すのやむなきに至ったが、十数年たった今日、ようやく私の念願が実現した。私は、大正の初期から、もし日本が口先だけでなく、真に日中両国の親善を請い願うならば、中国の国民を尊敬し、満蒙《まんもう》の領土のみならず、その他一切の特殊権益を放棄しなければならぬと提唱しつづけてきた。私にとっては、六十有余年の宿願が達成されたわけである。大なる慶びとともに、深い感慨を禁じ得ない……。それにしても、日中の復交は、私の構想からすると、ようや

くその第一歩を踏み出したものにすぎない。私の構想とは、首相退任後間もなく提唱した日・中・米・ソ平和同盟である。我が国の外交は、この構想を常に念頭において進めることが肝心であろう。そのためには、日・中・米・ソはもとよりのこと、すべての国に対し、謙虚な気持ちをもって、相手国の立場を理解する努力を怠ってはならぬ。（『週刊東洋経済』一九七二年一〇月一四日号）

湛山の死

米中の和解、日中関係の正常化を見届けた湛山は、その後、病状が悪化し、翌一九七三年四月二五日午前五時、中落合の自宅で静かに息を引き取った。八八年七ヵ月の大往生だった。

石橋湛山の葬儀は、一九七三年四月二八日、池上本門寺で行なわれ（密葬）、五月一二日、築地本願寺で自民党葬が営まれた。戒名は「謙徳院殿慈光湛山日省大居士」という。遺骨は分骨され、一部は育ての親望月日謙《もちづきにつけん》がかつて住職した日暮里《にっぽり》の善性寺《ぜんしょうじ》、一部は日蓮宗総本山の身延山久遠寺《みのべさんくおんじ》に葬られた。

湛山の墓

湛山の死後、石橋湛山記念財団が発足され、新宿区中落合の自宅と書籍が同財団に寄付され、一部保存された。書斎、書庫、故人が好きだった花満開のサンルームが当時のままの姿で残り、質素な書斎の壁に飾った毛沢東が書した曹操《そうそう》の詩「神亀寿」が、空いた故人の机を見守りつづけた。「……老驥伏櫪、志在千里。烈士暮年、壮心不已……」

（槽に伏す老馬、志千里にあり。年老いた志士、熱意止まざるなり）、まるで、湛山の晩年を括《くく》ったようであった。

4　湛山の思想

湛山思想の真義

湛山の一生を支えた思想哲学は、田中王堂の哲学から受け継ぐ、節度ある個人主義、自律性ある自由主義であった。自我の実現を原点（＝出発点と帰結点）に据えるが、個的営み、個人・国家的欲望に対する自律的「統整」、他律的規制の主張は思想の特徴で、彼が繰り返し言う「新」自由主義、「正しき」個人主義の意味でもあった。

欲望の「統整」と小国主義

「欲望統整」の主張は、人類の社会生活・団体生活の機能を維持する発想（プラグマティズム）から生まれたものであるが、これを国際社会の範囲にまで拡大していくと、小国主義の主張・帝国主義批判論につながる。戦前で帝国主義を批判した思想家・言論人は、決して湛山一人ではない。しかし、批判・否定と同時に新しい方向と建設的方法を示しえたのは、湛山だけではなかろうか。

「人中心」の生産力発展論、ケインズ主義的積極財政論は、すなわち外へ膨張する欲望（＝侵略拡張）を統制して内的努力（労働・頭脳による生産力発展）に向かわせる経済学的方法であり、小国が生きる手段・術というべきものであった。湛山の戦前の「小国主義」

と、戦後の「日中米ソ平和同盟」の構想には、経済と政治、現実主義と理想主義という方法面で差異があるが、同じく帝国主義的欲望、また、その変形ともいうべき排他的ナショナリズムの克服を目指す構想であり、同じく自らの「欲望統整」の思想体系のなかに位置するものであった。

世界連盟の思想と日中米ソ平和同盟

二回の世界戦争と歴史の反省を通じて、湛山はまた、人類の社会生活（平和）を脅かす悪の源は国家主義・民族主義・ナショナリズムにあると認識し、それを乗り越えようと戦前、世界経済・国際協調を唱え、戦後は、超イデオロギーの「世界国家」・「世界連邦」の理想を掲げ、脱冷戦の「日中米ソ平和同盟」構想を推進した。

ナショナリズム超越の課題

僕が一番おそれ心配しているのは、民族主義、ナショナリズムなんです。これのほうがかえってこわいですね。ナショナリズムはなくなりません。帝国主義は、……たんなる議論、理屈だし、実際においても資本家とか一部の人間のいわば理屈みたいなものでもって成り立っている。……ところが、ナショナリズムのほうは民衆の感情ですから、かえってこわいと思う。……北方領土の問題などは、結局ナショナリズムが原因だという気がする。ほかに何もない。

と言い、さらに、「要するにナショナリズムは、資本主義と共産主義がいずれ一緒になるというときにも、なおかつ一番最後まで残る問題だ。……歴史的文化が抜け切らない限りは、いつまでも残るのではないか」と述べている（『座談』一九七頁）。

湛山は、真の意味においてプラグマティストであり、コスモポリタンであった。彼は信条・主義より人生を愛し、また日本という国より、人類と世界を愛していた。

5　未完成の理想

石橋湛山の言論人としての活動は、明治・大正・昭和の三つの時代にわたり、六〇年を越える。最初の一〇年は、古典的資本主義の自由放任の弊害の克服を目指して、公平な分配を唱え、その後は恐慌下の資本主義を救済し、対外拡張の侵略戦争とファシズムを避けるため、人間中心の生産発展論を提唱し、政治上の帝国主義・大国主義、思想上の全体主義と戦った。

戦後、小国主義の再建ビジョンを打ち立て、高度経済成長の基礎を作り上げ、晩年、冷戦の解消を目指して、「日中米ソ平和同盟」・世界連邦という平和の理想を追求した。

湛山が生涯取り組んできた小国主義的経済発展、冷戦の解消は、いずれも二〇世紀の時代の課題というべきものであり、湛山はその言論を通じて、多くの超時代の、先見的叡智を我々に示した。経済の復興と冷戦の解消は、湛山がそれを主張しだした数十年の後、いずれも現実になって現れたが、いまなお解決できずに残された第三の課題もあった。晩年に提唱した戦争の廃滅、軍備全廃および人類大同社会——世界連邦——の理想である。

この人類全体の難題に、晩年の湛山は老体を引きずって体当たりし、そして力尽きて倒れた。「ナショナリズムの超克」——これは湛山老人が残した最後のメッセージであり、小国主義、脱冷戦の課題に続いて後世の我々に示した、新たな時代の命題、というような気もする。

最近、領土問題で日本とアジアの関係がギクシャクし、「維新」、改憲、軍備強化の逆流が強まるなか、改めて湛山思想の先見性を身に沁みて感じる。

石橋湛山系図

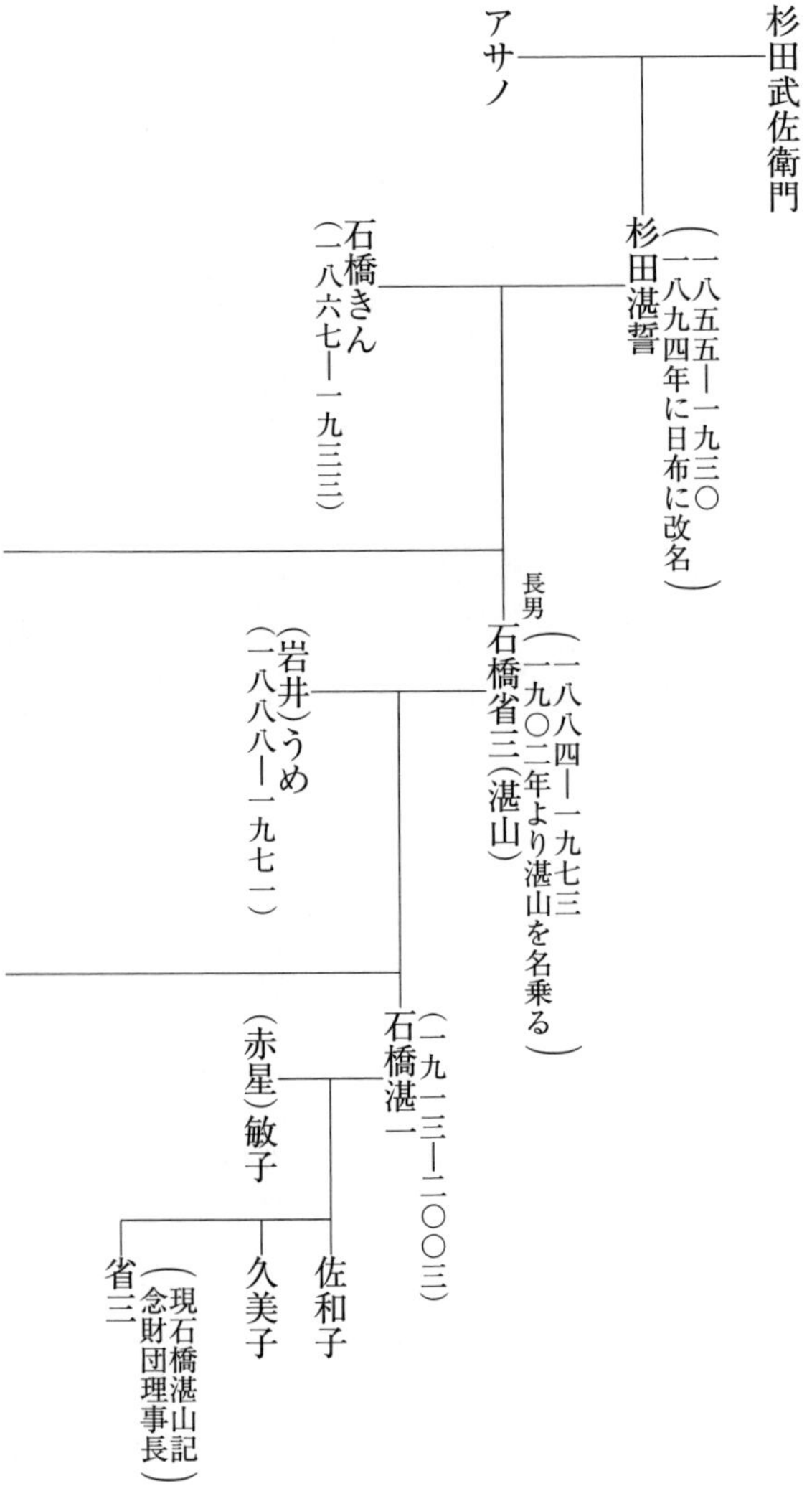
杉田武佐衛門
アサノ
杉田湛誓
（一八五五―一九三〇
一八九四年に日布に改名）
石橋きん
（一八六七―一九三三）
長男
石橋省三（湛山）
（一八八四―一九七三
一九〇二年より湛山を名乗る）
（岩井）うめ
（一八八八―一九七一）
石橋湛一
（一九一三―二〇〇三）
（赤星）敏子
佐和子
久美子
省三
（現石橋湛山記念財団理事長）

長女 とし
次男 野沢義朗
次女 しづ
三男 石橋三郎（湛正）
三女 とよ

（外交官）千葉　皓
（石橋）歌子
誼子
朝子
石橋和彦（一九四四年戦死）

略年譜

年次	西暦	年齢	事績	参考事項
明治一七	一八八四	〇	九月二五日、日蓮宗東京大教院の助教補・杉田湛誓（後、日布に改名）ときんの長男として東京市麻布区に生まれる（幼名は省三、母方の石橋姓を名乗る）	一〇月、自由党解散〇一二月、朝鮮京城で甲申政変が起こる
一八	一八八五	一	父湛誓、山梨県増穂村昌福寺の住職になる（一家は甲府市稲門に転居）	四月、日本・清国間、天津条約調印〇一一月、朝鮮独立党支持の大阪事件
二二	一八八九	五	四月、甲府市稲門尋常小学校に入学	二月、大日本帝国憲法公布〇四月、条約改正の世論高まる
二四	一八九一	七	一〇月、父に引き取られ、増穂村尋常小学校に転校、昌福寺で宗門教育を受ける	一月、内村鑑三不敬事件〇五月、大津事件、ロシア皇太子暗殺未遂
二六	一八九三	九	四月、増穂村尋常小学校高等科に進む	八月、文部省、「君が代」を儀式唱歌に設定
二七	一八九四	一〇	九月、父が静岡県池田本覚寺住職に転任、省三を長遠寺住職望月日謙に預ける（宿坊で修行僧と起居を共にす）〇この頃から、日蓮の人格に傾倒	五月、朝鮮東学党農民暴動〇八月、日清戦争が始まる

二八	一八九五	一二	四月、甲府市山梨県立尋常中学校に入学（学制五年、校長黒川雲登）	四月、日清講和条約調印○五月、日本、三国干渉で遼東半島返還○一一月、町田忠治、『東洋経済新報』創刊
二九	一八九六	一三	三月、第二学年に進学できず、留年	一月、台湾で反日蜂起○三月、進歩党が結成
三一	一八九八	一四	四月、山梨県中学校第三学年に進級（校長幣原坦）	八月、尾崎文相の共和演説事件○一〇月、大隈重信内閣辞職
三三	一九〇〇	一六	三月、第四年級に留年○この頃、剣道の稽古に励む○六月、『校友会雑誌』に「石田三成論」を投稿	三月、治安警察法公布○九月、立憲政友会結成○一二月、星亨、疑獄で逓相辞職
三四	一九〇一	一七	四月、第五学年に進学（校長大島正健、大島校長（札幌農学校一期生）を通じて、クラーク博士の感化を受ける）○一〇月、『校友会雑誌』に「消夏随筆」投稿	五月、社会民主党結成○六月、星亨、東京市役所で暗殺される○一二月、幸徳秋水の「廿世紀の怪物帝国主義」刊行
三五	一九〇二	一八	三月、湛山に改名○同月、山梨県立第一中学校卒業、上京し、正則英学校に通う○七月、一高受験、不合格○一〇月、山梨普通学校（望月日謙校長）の助教となる	一月、日英同盟条約調印○九月、東京専門学校、早稲田大学に改称
三六	一九〇三	一九	七月、二度目の一高受験、不合格○九月、飯久保義学の勧めで早稲田大学高等予科に入学	四月、小学校令改正、国定教科書制度開始○八月、近衛篤麿、対露同志会結成○一〇月、『万朝報』、主戦論に転ず

				る
明治三七	一九〇四	二〇	七月、高等予科修了○九月、大学部文学科（部）哲学科に進学（哲学専攻）	二月、日本対露宣戦（東洋経済新報社主幹植松考昭、応召入隊）
三八	一九〇五	二一	七月、従軍僧侶の望月日謙に反戦の手紙○九月、哲学科第二学年に進級、田中王堂の倫理学講義を受ける	一月、旅順陥落○九月、日露講和条約調印、日比谷焼打事件○一二月、韓国統監府設置
三九	一九〇六	二二	八月、家督を相続○九月、第三学年に進級○この頃、鶴巻町の早稲田館に下宿	一月、堺利彦等、日本社会党結成○三月、東京市電値上げ反対運動が起こる
四〇	一九〇七	二三	七月、文学科（部）首席で卒業、特待研究生に推され、宗教研究科入学（学資月額二〇円支給される）	二月、日本社会党大会、議会政策派と直接行動派対立○三月、植松考昭、東洋経済新報社代表社員に就任○八月、片山潜、社会主義同志会を結成
四一	一九〇八	二四	七月、宗教研究科を修了○この頃、浮田和民より『世界の宗教』の編纂を委託される○一二月、『東京毎日新聞』に入社	六月、赤旗事件が起こる○一〇月、戊申詔書発布
四二	一九〇九	二五	一月、社会部記者、三面記事担当○七月、徴兵検査を受ける○八月、社内内紛により『東京毎日新聞』退社○八月～一二月、文筆生活で生計を繋ぐ○一二月、一年志願で麻布第三連隊入営	五月、新聞紙法公布○一〇月、伊藤博文、ハルピン駅で暗殺される
四三	一九一〇	二六	一一月、軍曹に昇進、除隊（服役の間、軍隊の哲学に感心、社会への順応性を練磨）○九月、	五月、大逆事件の検挙開始○八月、日韓併合○九月、石川啄木「時代閉塞の

			『大崎学報』に「兵卒手簿より」投稿	現状」
四四	一九一一	二七	一月、東洋経済新報社入社、月給一八円（三浦銕太郎とともに『東洋時論』の編集担当、文芸批評などを書く）○九月、見習士官で再入営（一九一三年一月、少尉に任ぜられる）	一月、大審院、幸徳秋水らに死刑判決○二月、南北朝正閏問題が起こる○一〇月、清国で辛亥革命
大正元	一九一二	二八	この頃、『東洋時論』で職業婦人論・防貧論鼓吹、シドニー・ウェッブを紹介○一〇月、『東洋時論』廃刊、『東洋経済新報』の記者に移る○一一月、岩井うめと結婚（錦糸町に下宿、通勤電車で経済学を独学）	七月、明治天皇崩御○八月、友愛会創立○同月、植松考昭死去○一二月、上原勇作陸相辞表提出、西園寺内閣倒壊○同月、第一次護憲運動が始まる
二	一九一三	二九	一月、『東洋経済新報』の政治欄担当、大正政変に際し、普通選挙論を主張○八月、長男湛一が誕生	二月、護憲派民衆、政府系新聞社襲撃○同月、尾崎行雄、政友倶楽部結成○七月、中国で反袁世凱の二次革命が起こる
三	一九一四	三〇	四月、ホブハウスの『自由主義』を読み、新哲学を考える○五月、自由思想講演会趣旨書起草○この頃、頻繁に東洋経済会、早稲田哲学会などに出入りする○八月、日本の第一次大戦参戦を批判○一一月、青島放棄を主張	一月、シーメンス事件○七月、片山潜、東洋経済新報社退社○八月、第一次世界大戦勃発、日本対独宣戦○一一月、日本軍、青島占領
四	一九一五	三一	三月、「新自由主義の発達」を発表○五月、J・S・ミル研究会を立ち上げる○一〇月、米	一月、政府、米価調整令を公布○五月、袁世凱政権、日本の対華二十一ヵ条要

			穀問題の研究を始める○一一月、東洋経済新報社の合名社員に選ばれる○一二月、社会制度研究機関の設立趣旨書起草○この年の後半から、第一次大戦後の国際関係、経済発展を研究	求を受諾、中国で反日運動
大正五	一九一六	三二	一月、長女歌子が誕生○この頃、名著毎日一〇頁を読むことを決心○この頃、自宅で定期読書会を開く○六月、第三連隊の演習招集に参加○一〇月、自由思想講演会で「哲人政治と多数政治」を講演	一月、吉野作造「憲政の本義を説いて其有終の美を済すの途を論ず」を発表○四月、日本軍、満蒙独立を策動○九月、工場法が施行
六	一九一七	三三	六月、早稲田大学騒動、天野為之派の総大将を務める○同月、「平和同盟協約文案」を翻訳、『東洋経済新報』に連載	六月、寺内内閣、臨時外交調査会を置く○七月、政府、中国北方政府援助方針を決定○九月、孫文、南方軍政府を樹立○一一月、ロシア革命
七	一九一八	三四	三月、次男和彦が誕生○同月、社説「過激派政府を援助せよ」を執筆○六月、米問題を研究、米専売を主張	八月、米騒動○同月、大阪朝日新聞の「白虹日を貫けり」事件○九月、寺内内閣辞職○一二月、吉野作造、黎明会を結成
八	一九一九	三五	二月、労働問題研究会に出席○三月、普通選挙デモの副指揮者を務める○八月から、ＩＬＯ代表選挙問題につき盛んに発言○一〇月、「英国の労使協調策」を連載○同月、松崎伊三郎等と	二月、普選期成大会開催○三月、京城、三・一反日暴動○八月、友愛会七周年大会、労働組合へ変身○同月、馬場恒吾等、改造同盟会を結成

			米穀専売研究会を作る	
九	一九二〇	三六	三月、普通選挙法案の通過を原内閣に迫る○四月、ケインズ『平和の経済的結果』を紹介○六月、尼港事件に際して、シベリア撤兵を要請○一〇月、電力・炭鉱の国有化を主張	三月、戦後恐慌が始まる○五月、尼港事件○一一月、国際連盟第一回総会○一二月、大杉栄等、日本社会主義同盟結成○この年、「社会改造」論が流行
一〇	一九二一	三七	一月、「動揺せる時代の哲学」を発表○二月、労資協調のホイットレー案を紹介○七月、太平洋問題研究会を設立（鈴木梅四郎座長）○八月、社説「大日本主義の幻想」を執筆○九月、植民地放棄、軍備全廃の勧告書をまとめる○同月、軍備縮小同志会常任委員に就任○一一月、東洋経済新報社改組、取締役に就任	四月、米穀法公布○七月、神戸三菱、川崎造船所スト○九月、尾崎行雄、軍備縮小同志会結成、「七博士」、国策研究会結成○一一月、原首相、東京駅で暗殺される○同月、ワシントン会議開幕、ヒューズ提案に国内世論が反発
一一	一九二二	三八	一月、軍備縮小同志会に出席○二月、社内でリカード研究会○四月、社内でマルクス研究会○一〇月、東京経済学協会の会合に出席○一一月、金融制度研究会の創設に参加○一〇月から「土地国有と資本国有」を連載	二月、ワシントン会議、海軍軍縮条約等調印○三月、日本水平社創立大会○八月、山川均「無産階級運動の方向転換」を発表○一二月、ソビエト社会主義連邦成立
一二	一九二三	三九	一月、経済攻究会に出席○三月、アダム・スミスについて研究、生産の重要性を提起○九月、鎌倉にて関東大震災に遭い、家が半壊○この年、分配論から生産論へ、経済思想が転換	九月、関東大震災、死者・不明者が十数万人（自警団、デマで朝鮮人虐殺、甘粕正彦憲兵大尉、大杉栄・伊藤野枝を扼殺）○一二月、虎ノ門事件

大正一三	一九二四	四〇	一月、湘南倶楽部の設立趣旨書を起草、常務理事に推される○九月、鎌倉町町会議員に当選○同月、「天恵乏しきをいたまず人工足らざるを憂ふ」を執筆、人中心の新農業政策を研究○一一月、父日布、日蓮宗総本山久遠寺の法主に選ばれる○同月、横浜高等工業学校で経済学を講義○一二月、東洋経済新報社主幹となる	六月、護憲三派内閣誕生○七月、小作調停法公布○一一月、孫文、不平等条約改正のため来日、大亜細亜主義を演説○一二月、婦人参政権獲得期成同盟会が結成
一四	一九二五	四一	一月、三浦銕太郎の引退により、代表取締役に就任○二月、社説「治安維持法は国家を危くす」○一二月、金融制度研究会のため、長期金融制度案を研究○この年、鎌倉町議会で震災対策などに尽力○この年、地租営業税の地方移譲、地方自治を主張	三月、治安維持法議会通過○五月、普通選挙法公布○同月、陸軍軍縮、四師団廃止へ○八月、無産政党組織準備会が開催
昭和元	一九二六	四二	一月、購買力平価説について研究○三月、論文集出版を計画○七月、「小作争議の原因と解決策」を執筆○一〇月、物価と金利について研究○一一月、関西視察旅行、鐘紡工場を見学○一二月、経済攻究会で片岡直温蔵相と懇談○この年、ケインズ主義の立場で、為替と通貨制度を研究	四月、労働争議調停法・治安警察法改正公布○七月、蒋介石、国民革命軍総司令に就任、北伐を開始○一二月、社会民衆党・日本労農党結党
二	一九二七	四三	一月、農業経営利潤について調査○二月、「我	三月、中国国民革命軍、南京日本領事

			国は軍備撤廃の方針を以て進むべし」を執筆○四月、日本国際連盟協会の会合に出席○同月、金融恐慌下で、銀行救済を唱え、自由放任を批判○七月、『新農業政策の提唱』を刊行○同月、恐慌について研究○九月、人中心の生産発展の立場で、地方分権の徹底を唱える○一二月、金融恐慌史を執筆	館を襲撃、北伐革命とともに、排外ナショナリズムが高揚○同月、片岡直温蔵相失言、金融恐慌発生○五月、日本、第一次山東出兵○六月、立憲民政党結成、二大政党時代が到来○同月、政府、東方会議開催
三	一九二八	四四	一月、鈴木梅四郎の「医業国営期成同盟会」の創立に参画○二月、選挙運動費国庫負担を主張○同月、第一回普通選挙で、鈴木梅四郎・片山哲・高橋亀吉の応援演説に奔走○四月、経済制度研究会（金融制度研究会より改名）のため金解禁決議案を起草○八月、鎌倉町議員任期満了辞任○一一月、新平価金解禁を提唱	二月、初の普通選挙○三月、共産党検挙事件○四月、日本、第二次山東出兵○六月、関東軍、張作霖を爆殺○七月、内務省特別高等（特高）警察課が設置
四	一九二九	四五	一月から『東洋経済新報』に新平価金解禁の論陣を張る（井上準之助蔵相の緊縮財政を批判）○七月、『金解禁の影響と対策』を刊行○八月、父日布と東北旅行○同月、島中雄作の「二七会」会員となる○九月、関西へ経済講演、新平価金解禁を鼓吹	三月、山本宣治、右翼によって暗殺○四月、四・一六共産党検挙事件○七月、民政党内閣成立、緊縮財政政策を遂行○一〇月、ウォール街株暴落
五	一九三〇	四六	四月、武藤山治と金解禁について意見交換○八	一月、金解禁○同月、ロンドン軍縮会

			月、春香亭で新平価金解禁論者が結集、金輸出再禁止について協議○一一月、不景気対策を研究、大生産を呼びかける○一二月、経済倶楽部規約を起草○同月、父日布没（七五歳）	議開会○四月、統帥権干犯問題が起こる○九月、米価、生糸価格暴落、不況が深まる○一〇月、台湾霧社事件○同月、枢密院、ロンドン条約承認○一一月、濱口首相、暴漢に襲われ、重傷
昭和 六	一九三一	四七	二月、大阪滞在、恐慌について研究○六月、経済倶楽部設立総会出席、常任委員に就任○七月、杉森孝次郎・島中雄作と『田中王堂全集』の出版を相談○八月、名古屋・大阪方面経済講演行脚、金再禁を唱える○九月「満蒙問題解決の根本方針如何」を連載、特殊権益の放棄を説く○一〇月、鳩山一郎来社懇談○一二月、鎌倉の水道問題で中橋徳五郎内相に会う	三月、桜会・大川周明等、軍部クーデターを計画、未遂○四月、重要産業統制法公布○九月、満州事変、政府不拡大方針○一〇月、関東軍の錦州爆撃事件○同月、国際連盟理事会、期限つき満州撤兵の対日勧告案を可決○一二月、政府、金輸出再禁止
七	一九三二	四八	一月、経済倶楽部講演でケインズの『貨幣論』を紹介○同月、順天堂病院に田中王堂を見舞う○二月、社内にケインズ研究会を作る○三月、ファシズム批判座談会を開く○四月からインフレ論を研究、積極財政を主張○五月、田中王堂没、弟子らで哲学葬○六月、通貨制度研究会が設立、委員となる	一月、第一次上海事変○二月、前蔵相井上準之助、血盟団に射殺される○三月、満州国建国○同月、血盟団事件、三井財閥の団琢磨が暗殺される○五月、五・一五事件、少壮軍人、犬養首相を射殺○八月、国民精神文化研究所設立○一〇月、リットン報告書が公表
八	一九三三	四九	一月、母きんが死去○五月、国際連盟協会の経	二月、小林多喜二拷問死○三月、日本、

			済委員会に出席○六月、鈴木梅四郎・三浦銕太郎と高橋是清蔵相を訪ね、積極財政を督促○七月、経済倶楽部関係者とともに、山中湖畔の経済村を開く	国際連盟脱退○五月、京大滝川事件○六月、共産党員佐野学等、獄中で転向声明○同月、日中間、塘沽停戦協定成立○一〇月、関東軍、満州経済統制計画を発表
九	一九三四	五〇	一月、広田弘毅外相を招いて会談○五月、月刊英文誌『オリエンタル・エコノミスト』を創刊○六月、『婦人之友』誌でブロック経済論批判○八月、『我国最近の経済と財政』（平凡社）を刊行○一一月、婦人経済会を立ち上げる	三月、武藤山治が狙撃される○四月、外務省天羽声明、アジア・モンロー主義を宣言○同月、帝人疑獄事件○六月、文部省に思想局設置○一〇月、陸軍パンフレット、広義国防を鼓吹
一〇	一九三五	五一	一月、橘会にて幣原坦・大島正健に面会○四月、高橋蔵相を訪問、所信を聞く○五月、西日本方面講演旅行○一〇月、「自由主義を語る」座談会を開く○一一月、『婦人之友』誌でブロック経済論を批判	二月、貴族院で菊池武夫、美濃部達吉の天皇機関説を攻撃○八月、政府、国体明徴声明○同月、永田鉄山軍務局長、皇道派軍人に殺される○同月、中国共産党、抗日救国宣言○一一月、日本軍、冀東防共自治政府を樹立
一一	一九三六	五二	一月、軍事費増大に警鐘、積極財政の終止を唱える○三月、経済倶楽部有志と反乱鎮定祝賀午餐会を開く○同月、八大将辞任辞職要請の社説を書く○九月、『日本金融史』が改造社より刊行○同月、「世界開放主義」を唱える○一一月、	二・二六事件、高橋蔵相らが殺害される○七月、スペイン内乱発生○同月、講座派学者・左翼文芸団体関係者一斉検挙○一一月、後藤隆之助等、昭和研究会を結成

昭和一二	一九三七	五三	関西経済倶楽部を創設 一月〜二月、各地で経済講演○三月、清沢洌宅を訪問○七月、日中衝突に関する座談会に出席○八月、吉野信次商相に官邸で面会○一一月、クラーク博士記念の文章で、個人主義を主張○盧溝橋事件後、北支・満州の国際開放、外資導入を唱える	五月、内閣調査局改組、企画庁となる○七月、盧溝橋事変勃発、政府華北派兵声明○八月、第二次上海事変○九月、国民精神総動員運動が開始○一一月、日独伊三国防共協定締結○一二月、日本軍、南京攻略
一三	一九三八	五四	一月、自由通商協会会合に出席○四月、王堂の碑文を起草、自由思想を讃える○九月、「全体主義と個人主義」を講演、国民総動員法批判○九月〜一〇月、朝鮮視察旅行○一〇月、社論「門戸開放主義の再検討」を執筆○一一月、西日本で経済講演	一月、近衛首相、国民政府を対手とせず声明○四月、国家総動員法公布○一〇月、日本軍、武漢占領○一二月、興亜院設置
一四	一九三九	五五	二月、石渡荘太郎蔵相の定期会合に出席○三月、国際関係研究会発起人会○七月、清沢洌と北海道旅行○八月、言論弾圧に屈しないと、社員に訓示○八月、独ソ不可侵条約につき、政府の親独外交批判○九月、日蓮『立正安国論』を読む○一二月、清沢・馬場恒吾と吉田茂宅を訪問	一月、第一次近衛内閣総辞職○五〜九月、ノモンハン事件、関東軍惨敗○八月、独ソ不可侵条約締結、平沼内閣退陣○九月、ドイツ軍、ポーランド侵攻、第二次世界大戦勃発
一五	一九四〇	五六	四月〜六月、石山賢吉と満鮮視察、植民地経営の失敗を指摘する○七月から「満鮮を視察し	三月、汪兆銘、南京国民政府を樹立○七月、第二次近衛内閣、「基本国策要

			て」を連載、満州に土地なしと唱える○一一月、東洋経済研究所を設立	項」決定○九月、日独伊三国同盟が締結○同月、日本軍、北部仏印に上陸○一〇月、大政翼賛会発会式
一六	一九四一	五七	一月、首相官邸の言論界代表者懇談会に出席○二月、『満鮮産業の印象』を刊行○三月、社内に評議員会を設置、外部有識者を招く○五月、ドイツ広域経済論を批判○七月、「百年戦争の予想」を連載○同月、出版文化協会で「広域経済と世界経済」の論文が問題となる○一一月、国際関係研究会で戦後機構の討議	三月、企画院事件○四月、日ソ中立条約調印○七月、御前会議、仏印進駐決定○八月、米対日禁輸政策○一〇月、東條内閣成立○同月、ゾルゲ事件○一二月、日本軍真珠湾攻撃、太平洋戦争勃発
一七	一九四二	五八	この年、各地で講演旅行○四月、「大東亜戦争と共栄圏経済の若干問題」で、共栄圏の問題点を指摘○一〇月、哲学・思想論集『人生と経済』（理想社）を刊行、個人主義を鼓吹○一一月、世界経済理論発表会に出席	一月、日本軍、マニラを占領○二月、日本軍、シンガポール占領○四月、「翼賛選挙」○六月、ミッドウェー海戦、日本軍が敗北○一一月、大東亜省設置○一二月、大本営、ガダルカナル島撤退を決定
一八	一九四三	五九	二月、関西・山陽方面講演旅行○四月、早稲田大学評議員に推される○六月、金融学会常任理事に就任○一一月、創立記念社員総会で講話	三月、スターリングラードでドイツ軍が降伏○四月、連合艦隊司令長官山本五十六が戦死○五月、御前会議、ビルマ・フィリピンの独立を決定○九月、イタリアの無条件降伏○一一月、軍需

				省設置○同月、大東亜会議開催
昭和一九	一九四四	六〇	二月、次男和彦、南方で戦死○九月、「戦後対策を論議せしめよ」を書き、戦後研究を進める○一〇月、石渡蔵相に大蔵省内戦時経済特別調査室を設けさせる	六月、英米連合軍、ノルマンディー上陸○七月、日本軍、インパール作戦失敗○同月、サイパン島玉砕○八月、最高戦争指導会議設置○一〇月、神風特別攻撃隊編成○一一月、B29、東京を爆撃
二〇	一九四五	六一	一月、経済倶楽部で、戦後世界平和機構案を発表○三月、空襲で芝宅が焼失○四月、会社の一部を秋田県横手に疎開○同月、戦時経済特別調査室の最終報告「世界経済機構案」を執筆○五月、親友清沢洌急逝○八月、横手で敗戦を迎える○同月より、「更生日本の針路」を執筆、新日本の門出を祝う○九月、GHQクレーマー大佐と会見、協力を求められる○一一月、鳩山自由党の顧問に就任	二月、近衛文麿、上奏文を提出○四月、米軍、沖縄上陸○五月、ドイツ無条件降伏○七月、鈴木首相、ポツダム宣言「黙殺」○八月、原爆投下、ポツダム宣言受諾○同月、マッカーサー元帥厚木に到着、GHQを設置、占領開始○九月、降伏文書調印○一〇月、GHQ、五大改革指令○一一月、日本社会党、自由党、進歩党が結成○一二月、戦犯指名、近衛文麿自殺
二一	一九四六	六二	三月、尾崎行雄の推薦を受け、第二二回衆議院選挙に自由党から立候補（落選）○同月、山川均提唱の民主人民連盟の活動に参加○五月、第一次吉田内閣の大蔵大臣に就任○九月、復興金	一月、天皇、神格否定詔書を発する○同月、GHQ、公職追放指令○三月、労働組合法公布○同月、日本国憲法の草案発表○四月、第二二回総選挙○五

			融金庫法案が衆議院通過〇一〇月、閣議で石炭増産方法を進言〇一一月、閣議で進駐軍経費節約を進言	月、鳩山一郎公職追放〇同月、第一次吉田内閣成立〇八月、経済安定本部、物価庁設置〇一二月、閣議、傾斜生産方式を決定
二二	一九四七	六三	一月、ラジオ放送でゼネストの中止を訴える〇二月、野党との連立工作に奔走〇三月、第二三回衆議院選挙、静岡県第二区から立候補、当選〇五月、公職追放の指令を受け、大蔵大臣を辞任〇七月、不当追放に対する抗議書を起草〇一〇月、中央公職適否審査委員会に訴願、訴願書類を外国記者に配布〇一一月、自由思想協会を結成	一月、マ元帥、二・一ゼネスト禁止声明〇五月、新憲法施行〇同月、吉田茂内閣総辞職、片山哲社会党首班内閣成立〇六月、米、欧州復興援助のマーシャル・プランを発表〇一〇月、改正刑法公布、不敬罪廃止
二三	一九四八	六四	五月、特審局の干渉で自由思想協会の活動が中止、訴願が却下される〇六月、東京地検、政治献金問題の調査に乗り出す、石橋、回答書提出〇七月、地検に出頭〇一〇月、昭電事件の家宅捜査に備え、日記を擱筆	三月、社会党・民主党連立、芦田均内閣成立〇六月、ソ連、ベルリン封鎖〇七月、昭電疑獄の捜査、閣内に及ぶ〇同月、政令二〇一号で公務員のストを禁止〇一一月、東京裁判結審、東條英機元首相ら七名に絞首刑
二四	一九四九	六五	この頃、GHQ民政局（GS）、石橋の起訴を企て、監視を強める〇九月、特審局、石橋の政令違反嫌疑の報告書をGSに提出、石橋、「上	三月、GHQ顧問ドッジ来日、緊縮財政が開始〇七月、下山事件・三鷹事件（共産党陰謀説起こる）〇一〇月、中

			中書」で弁明○一〇月、自由思想協会の事務所を閉鎖、活動自粛	華人民共和国成立○一一月、吉田首相、単独講和声明
昭和二五	一九五〇	六六	一月、金融学会総会に参加○五月、熱海大野屋旅館で鳩山一郎と会見○六月、朝鮮戦争勃発後、「第三次世界大戦必至と世界国家」を執筆（廃稿）○一二月、ダレスに提出する意見書を執筆○この年、「若干の回想」を執筆	一月、マ元帥、日本の自衛権を認める○四月、講和準備のため、池田勇人蔵相訪米○六月、朝鮮戦争勃発○同月、マ元帥、共産党中央委員の追放を指令○八月、警察予備隊が設置○この年の後半から、朝鮮戦争の特需景気が始まる
二六	一九五一	六七	二月、鳩山一郎等とダレス特使に面会、意見書を提出○六月、公職追放解除、政界復帰、独立自主外交と積極財政を掲げる○七月、東海・中部地方講演旅行	一月、ダレス講和特使来日○三月、米より講和条約草案が示される○四月、マ元帥が解任される○九月、吉田首相訪米、サンフランシスコ平和条約、日米安保条約を締結○一〇月、社会党分裂
二七	一九五二	六八	一月、経済倶楽部で「日本経済再建私案」を発表○同月、「国際経済懇談会」を結成、モスクワ経済会議の参加を推進○六月、自由党鳩山派のため、政綱政策試案第一号を起草○九月、河野一郎とともに、自由党から除名通告を受ける○一〇月、第二五回衆議院総選挙で当選○一二	二月、追放政治家等、改進党を結成○同月、日米行政協定調印○四月、講和条約発効、日本が独立○五月、血のメーデー事件○七月、破壊活動防止法・公安調査庁設置法が公布○八月、吉田首相、議会「抜き打ち」解散○一一月、

			月、立正大学学長に就任（〜一九六八年三月）	池田通産相失言、不信任案が可決
二八	一九五三	六九	三月、分派自由党（鳩山派自由党）結成、政策委員長就任○五月、立正大学で経済学を講義○九月、山本熊一等に会し、日中貿易の推進を議論○一〇月、国防と安保条約の関係を研究	三月、議会「バカヤロー」解散○八月、スト規制法成立○七月、池田・ロバートソン会談○同月、朝鮮戦争停戦協定○一二月、奄美群島、日本に返還
二九	一九五四	七〇	四月、緒方竹虎・岸信介・林譲治と四者会談、保守新党結成について○七月、岸・芦田均等と新党準備会を結成○一一月、日本民主党（総裁鳩山一郎）結党、最高委員に就任○一二月、第一次鳩山内閣成立、通産相に就任、長期経済計画を推進	二月、「造船疑獄」発覚○三月、第五福竜丸、ビキニ環礁で被爆○同月、MSA協定調印○四月、犬養健法相、造船疑獄捜査で指揮権発動○九月、吉田首相、欧米歴訪
三〇	一九五五	七一	二月、「国際貿易促進協議会」に出席、村田省蔵会長と面会○同月、第二七回総選挙で、静岡二区で最高点当選○三月、第二次鳩山内閣の通産相に就任○一〇月、米国大使館でフーバー国務次官と懇談、「ココム禁輸緩和」の道を探る	四月、アジア・アフリカ会議開催○五月、ワルシャワ条約機構が結成○八月、第一回原水爆禁止世界大会が開催○九月、日本、関税及び貿易に関する一般協定に加盟○一〇月、左右社会党統一大会○一一月、自由民主党結党
三一	一九五六	七二	三月、対中共貿易対策の研究を官房長官に指示○五月、松村謙三と日ソ復交問題につき懇談○八月、鳩山後継者問題につき、石井光次郎と会談○一二月、自由民主党総裁選挙で岸信介をや	二月、フルシチョフによるスターリン批判○一〇月、日ソ共同宣言○同月、ハンガリー事件発生○一二月、日本、国際連合加盟

			ぶり、第二代総裁に就任○同月、石橋内閣を発足させる	
昭和三二	一九五七	七三	一月、肺炎に倒れ、医師団の診断を受ける○二月、首相辞任、聖路加病院に入院○一二月、伊豆長岡で療養	一月、日本、南極大陸初上陸○七月、基地反対の砂川事件が発生○一〇月、ソ連人工衛星の打ち上げ成功
三三	一九五八	七四	四月、政治活動を再開○五月、第二八回衆議院議員選挙で当選（選挙区で、冷戦解消・世界平和への献身決意を披露、この年から「日中米ソ平和同盟」を思案）○一二月、警職法について慎重論を唱える	五月、長崎国旗事件発生、日中関係冷却○八月、毛沢東、大躍進、人民公社運動を開始○一〇月、政府、警職法改正案を提出
三四	一九五九	七五	一月、中国政府筋から、訪中の打診を受ける○六月、訪中の前提として周恩来に「石橋三原則」を示す○九月、訪中、周恩来総理と会談、日中関係の修復と「日中米ソ平和同盟」構想について意見を交換○一一月、『経済学季報』に寄稿、資本主義と社会主義を超える「第三の生活原理」を訴える	三月、鳩山一郎死去○同月、社会党浅沼書記長訪中、米帝批判演説○同月、安保条約改定阻止国民会議結成○九月、フルシチョフ訪中、中ソ対立激化○一〇月、自民党顧問松村謙三が訪中
三五	一九六〇	七六	一月、「東西和合世界一家春」を揮毫○同月、日中関係正常化を岸首相に進言○三月、石橋・松村謙三・片山哲の三者会談、日中関係改善の超党派外交を話す○八月、日ソ協会会長に就任	一月、岸首相、日米新安保条約を調印○五月、ソ連、米U2偵察機を撃墜○一〇月、浅沼社会党委員長刺殺事件○一二月、閣議、「国民所得倍増計画」

			〇同月、周恩来に書簡、周のアジア・太平洋地域の平和条約案を支持〇九月、ソ連フルシチョフ首相の書簡を受け取り、訪ソを準備	を決定
三六	一九六一	七七	三月、健康上の理由で訪ソ断念〇四月、日中米ソ提携について池田首相と会談〇六月、「日中米ソ平和同盟」案を発表〇一〇月、ソ連核実験再開、日ソ協会会長を抗議辞任	一月、J・F・ケネディ、米大統領就任〇五月、韓国、朴正熙による軍事クーデター〇八月、ベルリンの壁を構築開始
三七	一九六二	七八	二月、石田博英、宇都宮徳馬等と「新政策研究会」結成〇五月、『中央公論』に「日中米ソ平和同盟論」寄稿〇同月、フルシチョフ首相に書簡、平和共存論を支持〇九月、訪ソの計画を立てる	三月、ビルマ、ネ・ウインによる軍事クーデター〇一〇月、米、キューバ海上封鎖〇同月、中国・インド国境紛争〇一一月、日中長期総合貿易に関する覚書（LT協定）調印
三八	一九六三	七九	九月、日本工業展覧会総裁として訪中、毛沢東党主席・周恩来総理・劉少奇国家主席等と会見〇一一月、第三〇回衆議院議員選挙で落選	八月、米英ソ、部分的核実験停止条約に調印〇一一月、ケネディ大統領暗殺〇一二月、朴正熙、大統領に就任
三九	一九六四	八〇	四月、勲一等旭日大授章が授与される〇五月、日本国際貿易促進協会総裁に就任〇九月、念願の訪ソを果たすが、フルシチョフ首相が失脚、会談ならず	二月、社会党など、「日中国交回復国民運動」を提唱〇七月、トンキン湾事件〇一〇月、東京オリンピック開催〇同月、中国、核実験が成功
四〇	一九六五	八一	一月、佐藤栄作首相を訪問、「日中米ソ平和同盟」について進言〇この頃、北朝鮮訪問を準備	一月、佐藤首相訪米、核戦争を容認発言〇二月、日韓基本条約成立〇同月、

			○一〇月、甲府一高へ、大島正健顕彰碑除幕式出席	米、ベトナムで北爆開始○一二月、日本、国連安保理の非常任理事国当選
昭和四一	一九六六	八二	二月、手足に麻痺状態が起こり、聖路加病院に入院加療、この後、入退院の闘病生活	一月、日ソ航空協定が締結○六月、中国文化大革命が開始
四三	一九六八	八四	三月、立正大学名誉学長に推される	一月、「プラハの春」始まる○五月、北ベトナムと米の公式会談開始○一〇月、米、北爆停止
四五	一九七〇	八六	二月、気管支肺炎・糖尿病で聖路加病院入院○九月、『石橋湛山全集』の刊行が始まる	二月、政府、核兵器拡散防止条約調印を決定○一二月、超党派日中国交回復促進議員連盟が発足
四六	一九七一	八七	六月、聖路加病院退院、鎌倉で静養○八月、妻うめ死去	六月、沖縄返還協定調印○九月、毛沢東の後継者林彪が逃亡、墜落死
四七	一九七二	八八	七月、病状悪化、衰弱が進む○九月、病床で日中国交正常化の報を受ける○同月、米寿を迎え、周恩来総理より祝電	二月、ニクソン米大統領、北京電撃訪問○九月、田中角栄首相訪中、日中関係正常化
四八	一九七三		四月、廖承志の病床見舞いを受ける○四月二五日、逝去、享年八八歳○五月、築地本願寺で、自由民主党党葬	一月、ベトナム戦争終結○同月、北京に日本大使館開設○一〇月、田中角栄首相訪ソ、日ソ共同声明

参考文献

一　石橋湛山著作・資料

著作

石橋湛山『新農業政策の提唱』　東洋経済新報社　一九二七年
石橋湛山『金解禁の影響と對策―新平価金解禁の提唱―』　東洋経済新報社出版部　一九二九年
石橋湛山『インフレーションの理論と実際』　東京書房　一九三二年
石橋湛山『日本金融史』（現代金融経済全集　第一二巻）　改造社　一九三六年
石橋湛山『激変期の日本経済』　東洋経済出版部　一九三七年
石橋湛山『満鮮産業の印象』　東洋経済新報社　一九四一年
石橋湛山『人生と経済』　理想社　一九四二年
石橋湛山『湛山回想』　毎日新聞社　一九五一年
石橋湛山『サラリーマン重役論』　竜南書房　一九五六年
石橋湛山『日本経済の針路―フル・エンプロイメントを目指して―』

東洋経済新報社　一九五九年
石橋湛山『石橋湛山評論選集』　東洋経済新報社　一九九〇年
石橋湛山『石橋湛山著作集』一〜四巻　東洋経済新報社　一九九五年
石橋湛山全集編纂委員会編『石橋湛山全集』第一〜第一五巻　東洋経済新報社　一九七〇〜七二年
石橋湛山全集編纂委員会編『石橋湛山全集』第一〜第一六巻　東洋経済新報社　二〇一一年
増田弘編『小日本主義—石橋湛山外交論集—』　草思社　一九八四年
松尾尊兊編『石橋湛山評論集』　岩波書店　一九八四年

資料・参考書

『石橋湛山関係文書』国会図書館憲政資料室
GHQ/SCAP Records, Box No. 2275E, 〈Sheet No. GS（B）〉 03108–03115, Ishibashi TANZAN Book1 No. 45（国会図書館憲政資料室蔵）
『経済倶楽部講演』、『経済倶楽部講演録』　経済倶楽部、東洋経済新報社　一九三二年〜
『大陸東洋経済』　東洋経済新報社　一九四三〜四五年
『湛山叢書』一〜七号（非売品）　湛山会　一九六一〜六四年
『東洋経済新報』（現在『週刊東洋経済』）　東洋経済新報社　一八九五年〜
『東洋経済新報言論六十年』　東洋経済新報社　一九五五年

『東洋時論』　東洋経済新報社　一九一〇〜一二年
『香港東洋経済』　東洋経済新報社　一九四四〜四五年
石橋湛一・伊藤隆編『石橋湛山日記―昭和二〇〜三一年―』上・下（二巻）みすず書房　二〇〇一年
石橋湛山『雨新者』（非売品）　自家版　一九七二年
石橋湛山『湛山座談』（同時代ライブラリー）　岩波書店　一九九四年
石橋湛山記念財団編『自由思想』（雑誌）　一九七五年〜
石橋湛山全集編纂委員会編『石橋湛山―一自由主義者の歩み―　写真譜』（非売品）　東洋経済新報社　一九七三年
清沢洌著、橋川文三編集・解説『暗黒日記』　評論社　一九九五年
経済倶楽部編『経済倶楽部五〇年』上・下（二巻）　経済倶楽部　一九八一年
東洋経済新報社編『東洋経済新報社百年史』　東洋経済新報社　一九九六年
三浦銕太郎著、松尾尊兊編集・解説『三浦銕太郎論説集　大日本主義か小日本主義か』　東洋経済新報社　一九九五年

二　伝記・研究等

浅川　保『若き日の石橋湛山―歴史と人間と教育と―』　近代文芸社　一九九三年
浅川　保『石橋湛山―偉大な言論人―』（山日ライブラリー）　山梨日日新聞社　二〇〇八年

石田博英『石橋政権―七十一日―』　行政問題研究所　一九八五年
石村柳三『石橋湛山―信念を背負った言説―』　高文堂出版社　二〇〇四年
井出孫六『石橋湛山と小国主義』　岩波書店　二〇〇〇年
井上清・渡部徹編『大正期の急進的自由主義』　東洋経済新報社　一九七二年
上田博『石橋湛山―文芸・社会評論家時代―』　三一書房　一九九一年
上田美和『石橋湛山論―言論と行動―』　吉川弘文館　二〇一二年
宇都宮徳馬『日中関係の現実』　普通社　一九六三年
江宮隆之『政治的良心に従います―石橋湛山の生涯―』　河出書房新社　一九九九年
大村立三『二つの中国』　弘文堂　一九六一年
岡崎一『石橋湛山と文芸―明治期を中心に―』　文化書房博文社　二〇一一年
川越良明『横手時代の石橋湛山』　無明舎出版　二〇〇三年
小島直記『異端の言説―石橋湛山―』上・下（二巻）　新潮社　一九七八年
佐高信『良日本主義の政治家―いま、なぜ石橋湛山か―』　東洋経済新報社　一九九四年
志村秀太郎『石橋湛山』　東明社　一九六六年
姜克實『石橋湛山の思想史的研究』　早稲田大学出版部　一九九二年
姜克實『石橋湛山―自由主義の背骨―』（丸善ライブラリー）　丸善　一九九四年
姜克實『石橋湛山の戦後―引き継がれゆく小日本主義―』　東洋経済新報社　二〇〇三年

姜克實『晩年の石橋湛山と平和主義―脱冷戦と護憲・軍備全廃の理想を目指して―』明石書店　二〇〇六年
住本利男『占領秘録』中央公論社　一九八八年
田中秀征『日本リベラルと石橋湛山―いま政治が必要としていること―』講談社　二〇〇四年
長幸男編『石橋湛山―人と思想―』東洋経済新報社　一九七四年
長幸男『石橋湛山の経済思想』東洋経済新報社　二〇〇九年
筒井清忠『石橋湛山―一自由主義政治家の軌跡―』中央公論社　一九八六年
半藤一利『戦う石橋湛山―昭和史に異彩を放つ屈伏なき言論―』東洋経済新報社　一九九五年
文入努『小日本主義はリアリズムであったか―石橋湛山における思想構造の研究―』本の風景社　二〇〇二年
増田弘『石橋湛山―占領政策への抵抗―』草思社　一九八八年
増田弘『石橋湛山研究―「小日本主義者」の国際認識―』東洋経済新報社　一九九〇年
増田弘『侮らず、干渉せず、平伏さず―石橋湛山の対中国外交論―』草思社　一九九三年
増田弘『石橋湛山―リベラリストの真髄―』（中公新書）中央公論社　一九九五年
増田弘『公職追放―三大政治パージの研究―』東京大学出版会　一九九六年

松尾尊兊『近代日本と石橋湛山―「東洋経済新報」の人びと―』東洋経済新報社　二〇一三年
宮本盛太郎『日本人のイギリス観』御茶の水書房　一九八六年
安原和雄『平和をつくる構想―石橋湛山の小日本主義に学ぶ―』澤田出版（発売　民衆社）二〇〇六年

三　研究論文など

阿部真之助「石橋湛山論」（『文藝春秋』一九五四年二月）文藝春秋新社　一九五四年
安藤丈将「初期石橋湛山における『民衆』と政治―大衆デモクラシーと知識人―」（『早稲田政治公法研究』七一号）早稲田大学大学院政治学研究科　二〇〇二年
井坂康志「幻と希望の轍―石橋湛山と矢内原忠雄における平和思想の比較考察―」（上）（『自由思想』九四号）石橋湛山記念財団　二〇〇三年
井上久士「日本人の中華民国についての認識―吉野作造と石橋湛山の対比的検討を中心として―」（『近きに在りて』二九号）汲古書院　一九九六年
上田博「石橋湛山論―出発期の文芸・社会批評―」（『立命館大学人文科学研究所紀要』四三号）一九八七年
宇都宮明「石橋湛山の生い立ちと人物像」（『聖学院大学総合研究所紀要』三九号）二〇〇七年
及川英二郎「小日本主義の亀裂―石橋湛山再考序説―」（『史海』五〇号）

鹿野政直「急進的自由主義と石橋湛山―言論人としての出発をめぐって―」
東京学芸大学史学会　二〇〇三年
（『現代の眼』）　現代評論社　一九七四年
金官正「石橋湛山に対する公職追放に関する一考察―一九四六年五月から六月までにおけるGS内部の議論を中心に―」（『横浜国際経済法学』一八巻二号）　二〇〇九年
古賀勝次郎「長谷川如是閑と石橋湛山―比較社会科学研究(5)―」
（『ソシオサイエンス』五号）　早稲田大学大学院社会科学研究科　一九九九年
笹原昭五「石橋湛山のリフレーション政策論―形成過程と史的位置―」
（『経済学論纂』三七巻三・四号）　中央大学経済学研究会　一九九七年
佐藤俊一「石橋湛山と地方分権改革論」（『法学新報』一一五巻九・一〇号）
中央大学法学会　二〇〇九年
姜克實「吉野作造の人格主義と石橋湛山のプラグマティズム―井上久士氏の論文に寄せて―」（『近きに在りて』三一号）　汲古書院　一九九七年
姜克實「石橋湛山の経済思想の形成―新自由主義との関わり―」
（『土地制度史学』四三巻三号）　土地制度史学会　二〇〇一年
姜克實「石橋湛山の世界経済論―一九三〇年代におけるエコノミストの戦争抵抗―」
（『自由思想』一〇三号）　石橋湛山記念財団　二〇〇六年

正田庄次郎「石橋湛山と「東洋時論」―思想形成の出発点―」（『北里大学教養部紀要』二六号）一九九二年
正田庄次郎「石橋湛山の小日本主義」（『北里大学教養部紀要』二七号）一九九三年
田中秀臣「石橋湛山の警告―経済の『東京裁判史観』を打ち破れ！―」（『正論』四七八号）産経新聞社　二〇一一年
長幸男「日本資本主義におけるリベラリズムの再評価―石橋湛山論―」（『思想』四三七号）岩波書店　一九六〇年
筒井清忠「非政治的宰相石橋湛山の政治性」（『中央公論』一〇〇巻一〇号）一九八五年
伝田功「石橋湛山の経済政策思想―資金交付行政批判を中心として―」（『彦根論叢』二五八・二五九号）滋賀大学経済学会　一九八九年
長岡新吉「石橋湛山論再考」（『北海学園大学経済論集』三八巻二号）一九九〇年
長岡新吉「石橋湛山の『北海の開拓』論―石橋湛山と北海道―」（一）（『開発論集』六〇）北海学園大学開発研究所　一九九七年
長岡新吉「『東洋経済新報』と戦時北海道経済の一齣―石橋湛山と北海道―」（二）（『開発論集』六一）北海学園大学開発研究所　一九九八年
並松信久「石橋湛山の農業政策論と報徳思想の影響」（『京都産業大学論集社会科学系列』二五号）二〇〇八年

西川弘展「石橋湛山の言論思想についての覚書―東洋経済新報社運営の側面から―」（『奈良産業大学紀要』二五号）二〇〇九年

判沢弘「昭和期リベラルの抵抗と主張―ロンドン軍縮条約と石橋湛山―」（『思想』六二四号）岩波書店 一九七六年

深川博史「石橋湛山の植民政策論」（『経済論究』六六）九州大学大学院経済学会 一九八六年

深津真澄「近代日本の分岐点―石橋湛山と『大日本主義』の否定―」（『カオスとロゴス』二七号）ロゴス社 二〇〇五年

星野安三郎「石橋湛山と憲法学―『小日本主義』の憲法史的意義―」（『立正法学論集』二五巻一～四号）一九九二年

増田弘「石橋湛山の『満州放棄論』」（『現代史研究』六号）東洋英和女学院大学現代史研究所 二〇一〇年

松尾尊兊「十五年戦争下の石橋湛山」（『近代日本の国家像』）日本政治学会 一九八二年

松尾尊兊「日中国交回復と石橋湛山」（『立命館文學』五〇九号）一九八八年

松尾尊兊「石橋湛山と賀屋興宣―水と油のごとき二人の意外な関係、一通の手紙から―」（『自由思想』一一六号）石橋湛山記念財団 二〇〇九年

宮崎吉政「政治家・石橋湛山―宇都宮徳馬とともに―」（一）～（三）（『軍縮問題資料』二九一～二九三）軍縮市民の会 二〇〇四～〇五年

宮本盛太郎「ウェッブ夫妻・ディキンスンの来日と植原悦二郎・石橋湛山」
（『社会科学論集』二七号）　愛知教育大学地域社会システム講座　一九八七年
望月詩史「石橋湛山と天皇制—ゆるぎない国民主権論と天皇制肯定の相対関係—」
（『自由思想』一〇九号）　石橋湛山記念財団　二〇〇八年
望月詩史「石橋湛山と『自主外交』—戦後の対外論を中心に—」（『甲斐』一二五号）
山梨郷土研究会　二〇一一年
望月詩史「石橋湛山の思考方法と哲学」（『同志社法学』六三巻二号（通号三四八））
二〇一一年
安井俊夫「近現代史学習における石橋湛山『小日本主義』」（『経済論集』一五〇号）
愛知大学経済学会　一九九九年
山口正「石橋湛山の自由思想とその歴史的評価—いわゆる「自由主義史観」は
石橋思想を正しくとらえきれるか—」（『自由思想』八四号）
石橋湛山記念財団　一九九九年
吉田賢一「金解禁問題と石橋湛山—新旧両平価概念の現代的評価—」
（『経済学研究』四三巻三号）　北海道大学大学院経済学研究科　一九九三年
若田部昌澄「昭和恐慌に学ぶ—石橋湛山と『東洋経済新報』の黄金時代—」
（『自由思想』九三号）　石橋湛山記念財団　二〇〇三年

渡邊宝陽「石橋湛山の宗教観の一端と法縁の周辺」（『自由思想』四〇号）一九八六年八月号

著者略歴

一九五三年生まれ
一九八三年復旦大学大学院中退　来日
一九九一年早稲田大学大学院博士課程修了（文学博士）
現在　岡山大学大学院社会文化科学研究科教授

主要著書

『石橋湛山の思想史的研究』（早稲田大学出版部、一九九二年）
『浮田和民の思想史的研究』（不二出版、二〇〇三年）
『近代日本の社会事業思想』（ミネルヴァ書房、二〇一一年）

人物叢書　新装版

石橋湛山

二〇一四年（平成二十六）二月二十日　第一版第一刷発行

著　者　姜《じゃん》　克《くー》　實《しー》
編集者　日本歴史学会
代表者　笹山晴生
発行者　前田求恭
発行所　株式会社　吉川弘文館
東京都文京区本郷七丁目二番八号
郵便番号一一三―〇〇三三
電話〇三―三八一三―九一五一〈代表〉
振替口座〇〇一〇〇―五―二四四
http://www.yoshikawa-k.co.jp/
印刷＝株式会社 平文社
製本＝ナショナル製本協同組合

ISBN978-4-642-05271-9

『人物叢書』（新装版）刊行のことば

人物叢書は、個人が埋没された歴史書が盛行した時代に、「歴史を動かすものは人間である。個人の伝記が明らかにされないで、歴史の叙述は完全であり得ない」という信念のもとに、専門学者に執筆を依頼し、日本歴史学会が編集し、吉川弘文館が刊行した一大伝記集である。

幸いに読書界の支持を得て、百冊刊行の折には菊池寛賞を授けられる栄誉に浴した。

しかし発行以来すでに四半世紀を経過し、長期品切れ本が増加し、読書界の要望にそい得ない状態にもなったので、この際既刊本の体裁を一新して再編成し、定期的に配本できるような方策をとることにした。既刊本は一八四冊であるが、まだ未刊である重要人物の伝記についても鋭意刊行を進める方針であり、その体裁も新形式をとることとした。

こうして刊行当初の精神に思いを致し、人物叢書を蘇らせようとするのが、今回の企図である。大方のご支援を得ることができれば幸せである。

昭和六十年五月

日本歴史学会

代表者　坂本太郎

日本歴史学会編集

人物叢書〈新装版〉

▽没年順に配列▽残部僅少の書目も掲載してあります。品切の節はご容赦下さい。
▽一二〇〇〜二三〇〇円(税別)▽四六判・カバー装／一四四〜四八〇頁

日本武尊　上田正昭著　熊襲・蝦夷の征討に東奔西走する悲劇の皇子
聖徳太子　坂本太郎著　推理や憶測を排し透徹の史眼で描く決定版！
秦　河勝　井上満郎著　飛鳥時代を生きぬいた聖徳太子の側近の生涯
蘇我蝦夷・入鹿　門脇禎二著　悪逆非道の人間像を内外政治状勢の中に活写
額田王　直木孝次郎著　二人の皇子に愛された『万葉集』女流歌人の伝
持統天皇　直木孝次郎著　天武の皇后波瀾苦悩の生涯を時代の上に描く
藤原不比等　高島正人著　藤原氏繁栄の礎を築いた稀代の大政治家描く
長屋王　寺崎保広著　邸宅跡発掘と史料駆使し自尽に至る生涯描く
県犬養橘三千代　義江明子著　奈良朝に華麗な血脈を築き上げた女官の生涯
山上憶良　稲岡耕二著　奈良時代の歌人。独自の作風と貴き生涯追う
行　基　井上　薫著　架橋布施屋等社会事業史に輝く奈良時代高僧
光明皇后　林　陸朗著　聖武の皇后天平のヒロイン。仏教興隆に尽す
鑑　真　安藤更生著　奈良仏教・文化に感化与えた唐招提寺の開祖
藤原仲麻呂　岸　俊男著　大臣から逆賊に一転、奈良朝史の秘鍵を解く
道　鏡　横田健一著　空前絶後の怪僧。女帝治下の暗闘・陰謀を解く
吉備真備　宮田俊彦著　該博な学識を持つ奈良時代屈指の学者政治家
佐伯今毛人　角田文衞著　東大寺造営の主宰者。渦巻く政局と生涯照射
和気清麻呂　平野邦雄著　勝れた古代革新政治家の真面目を再評価する
桓武天皇　村尾次郎著　人材を登用し清新な政治行った延暦聖主の伝
坂上田村麻呂 新稿版　高橋　崇著　征夷の英雄として名高き武将の全生涯を解明
最　澄　田村晃祐著　日本天台宗の開祖。思想と行動と波瀾の生涯
平城天皇　春名宏昭著　在位三年で新政策を展開した平安初期の天皇
円　仁　佐伯有清著　最澄の高弟。天台密教を弘めた三世天台座主
伴　善男　佐伯有清著　謎秘める応天門の怪火俊敏宰相の数奇な生涯
円　珍　佐伯有清著　五世天台座主智証大師の生涯を克明に描く！
菅原道真　坂本太郎著　中傷にあい流謫大宰府に死す学問の神天神様
聖　宝　佐伯有清著　聖徳太子の後身として崇められた気高い生涯
三善清行　所　功著　『意見封事』で有名な論策家。平安初期漢学者
藤原純友　松原弘宣著　摂関家傍流の中央官人であった純友の生涯
紀　貫之　目崎徳衛著　王朝歌壇の偶像から急顚落。業績検討再評価

小野道風　山本信吉著　三跡の代表として名高い平安中期の名筆の伝

良　源　平林盛得著　叡山中興の祖。平安中期天台座主。元三大師

藤原佐理　春名好重著　三跡の一、平安中期屈指の能書家の生涯描く

紫式部　今井源衛著　源氏物語作者の生涯を社会・政治背景に浮彫

一条天皇　倉本一宏著　摂関家と協調し、王朝文化を開花させた英主

大江匡衡　後藤昭雄著　平安朝漢詩文に優れた足跡を残した名儒の伝

源　信　速水　侑著　日本浄土教の祖と仰がれる『往生要集』著者の伝

源　頼光　朧谷　寿著　大江山酒呑童子退治で有名な頼光の生涯描く

藤原道長　山中　裕著　摂関政治全盛を築き栄華の世を極めた公卿伝

藤原行成　黒板伸夫著　一代の名筆、道長政権下に活躍した貴族官僚

清少納言　岸上慎二著　枕草子の著者。学識と機智に富む稀代の才女

和泉式部　山中　裕著　摂関政治全盛時代の代表的・情熱的女流歌人

源　義家　安田元久著　天下第一武勇の士と称讃された八幡太郎の伝

大江匡房　川口久雄著　平安末期最高の知識人学者兼政治家の人間像

奥州藤原氏四代　高橋富雄著　平泉王国を建設した清衡以下四代の興亡描く

藤原頼長　橋本義彦著　悪左府―保元乱の元凶か？思想と行動を描く

藤原忠実　元木泰雄著　平安後期、落日の摂関家を担い苦闘した人生

源　頼政　多賀宗隼著　平安末の武将・歌人。平氏打倒に蹶起の実像

平　清盛　五味文彦著　朝廷の政治世界に初めて武家政権を開く生涯

源　義経　渡辺　保著　赫々たる武勲と数奇な運命。悲劇の英雄実伝

西　行　目崎徳衛著　「数奇の遁世者」の行実と特異な生涯を描く

後白河上皇　安田元久著　平氏盛衰、権謀術数もちい朝廷の存続はかる

千葉常胤　福田豊彦著　関東の名族、鎌倉幕府建設の大功労者の生涯

源　通親　橋本義彦著　平安〜鎌倉の宮廷政治家・歌人の手腕と業績

文　覚　山田昭全著　『平家物語』に華々しく描かれる「荒法師」

畠山重忠　貫　達人著　鎌倉武士の典型。美談に富む誠実礼節の勇士

法　然　田村圓澄著　執拗な弾圧下信念に生き抜いた浄土宗の開祖

栄　西　多賀宗隼著　臨済宗開祖・茶祖。思想文化に感化を与えた名僧

北条義時　安田元久著　実朝暗殺―承久の乱に三上皇流す現実政治家

大江広元　上杉和彦著　鎌倉幕府の確立に貢献した文人政治家の生涯

北条政子　渡辺　保著　頼朝没後尼将軍と謳われた女傑の苦悩浮彫す

慈　円　多賀宗隼著　鎌倉初期の天台座主。勝れた和歌と史論残す

明恵　田中久夫著　栂尾高山寺の開山。戒律を重視した華厳名僧

藤原定家　村山修一著　中世歌壇の大御所、二条派歌学の祖、歌論家

北条泰時　上横手雅敬著　御成敗式目の制定者。鎌倉幕府稀代の名執権

道元 新稿版　竹内道雄著　曹洞宗の開祖。偉大な生涯と宗教思想を描く

北条重時　森幸夫著　執権泰時・時頼を支え、幕府に寄与した全生涯

親鸞　赤松俊秀著　肉食妻帯を自から実践真の民衆宗教を樹立す

北条時頼　高橋慎一朗著　鎌倉中期の執権、仏教者の実像を描き出す！

日蓮　大野達之助著　余宗排撃と国難来を予言した波瀾情熱の宗祖

阿仏尼　田渕句美子著　鎌倉時代の女流歌人。その才気溢れる実像！

北条時宗　川添昭二著　蒙古襲来の真相と若き執権の実像に迫る初伝

一遍　大橋俊雄著　踊り念仏で全国遊行した鎌倉仏教時宗の宗祖

叡尊・忍性　和島芳男著　戒律再興と社会事業に献身した師弟高僧の伝

京極為兼　井上宗雄著　鎌倉期、両統対立の政界に活躍した反骨歌人

金沢貞顕　永井晋著　鎌倉末期の執権。衰えゆく幕府を支えた生涯

菊池氏三代　杉本尚雄著　肥後の名族菊池氏―南北朝期活躍の武将描く

新田義貞　峰岸純夫著　尊氏と勢威を競い、戦闘に明け暮れた武将伝

花園天皇　岩橋小弥太著　両統迭立期、公正な態度持した文徳高い天皇

赤松円心・満祐　高坂好著　円心の挙兵、満祐の将軍弑逆等その転変描く

卜部兼好　冨倉徳次郎著　徒然草で有名な中世の隠者・歌人・随筆評論家

覚如　重松明久著　本願寺を創建して真宗教団の基礎を築く名僧

足利直冬　瀬野精一郎著　父尊氏と生涯死闘を演じた波瀾の武将の実伝

佐々木導誉　森茂暁著　南北朝動乱「ばさら大名」。風雲児の生涯描く

細川頼之　小川信著　幼将軍義満を補佐し幕府の基礎固めた名宰相

足利義満　臼井信義著　南北朝を合体し大名を制圧、幕府の基礎固む

今川了俊　川添昭二著　南北朝時代の武将。和歌連歌に勝れた風流文人

足利義持　伊藤喜良著　最も平穏な時代を築いた室町四代将軍の初伝

世阿弥　今泉淑夫著　現代になお生きる能の世界を確立した人間像

上杉憲実　田辺久子著　室町前期の関東管領。足利学校再興者の初伝

山名宗全　川岡勉著　応仁の乱の西軍大将。その豪毅な生涯に迫る

一条兼良　永島福太郎著　博学宏才、中世随一の学者。東山文化併せ描く

亀泉集証　今泉淑夫著　室町禅林のキーパーソンの全生涯を描き出す

蓮如　笠原一男著　盛んな布教活動で真宗王国築いた傑僧の生涯

宗祇　奥田勲著　室町後期の連歌師。全国に連歌を広めた生涯
万里集九　中川徳之助著　室町末期の臨済宗一山派の禅僧。文芸と生涯
三条西実隆　芳賀幸四郎著　戦国擾乱の世に公家文化守る教養高い文化人
大内義隆　福尾猛市郎著　文化愛好と貿易富力で山口王国築く戦国大名
ザヴィエル　吉田小五郎著　東洋伝道の使途、わが国最初の耶蘇会宣教師
三好長慶　長江正一著　下剋上の代表と誤解されるが文武備えた武将
今川義元　有光友學著　桶狭間に落命した悲運の戦国大名の実像とは
武田信玄　奥野高広著　謙信と角逐し信長を畏怖せしめた戦国の名将
朝倉義景　水藤真著　信長に反抗して大敗、越前一乗谷に滅ぶ大名
浅井氏三代　宮島敬一著　信長と互角に戦った北近江の戦国大名の興亡
織田信長　池上裕子著　革命家のごとく英雄視する後世の評価を再考
明智光秀　高柳光寿著　主君弑逆の原因は何か心裡を分析し謎を解く
大友宗麟　外山幹夫著　北九州の雄族キリシタン大名。波瀾・数奇描く
千利休　芳賀幸四郎著　千家流茶祖。自刃し果てる数奇な生涯と芸描く
足利義昭　奥野高広著　運命に翻弄された数奇な室町幕府最後の将軍
前田利家　岩沢愿彦著　変転・動乱の世を生き抜く加賀百万石の藩祖
長宗我部元親　山本大著　戦国土佐の大名。南国文化築いた名将の生涯
安国寺恵瓊　河合正治著　秀吉の天下統一援けたが関ヶ原役に敗れ斬首
石田三成　今井林太郎著　秀吉に抜擢されて孤忠尽す。果して奸物か？
真田昌幸　柴辻俊六著　織豊期を必死に生き抜く、処世術と事跡検証
高山右近　海老沢有道著　改宗を肯んぜず国外に追放された切支丹大名
島井宗室　田中健夫著　織豊政権に暗躍した博多の豪商、茶人・貿易家
淀君　桑田忠親著　秀吉の愛妾となり大坂城に君臨自滅した女傑
片桐且元　曽根勇二著　大坂の陣を前に苦悩奔走した真実と実像探る
藤原惺窩　太田青丘著　近世朱子学の開祖。文芸復興の業績と人間像
支倉常長　五野井隆史著　慶長遣欧使節を努めた仙台藩士の実像に迫る
伊達政宗　小林清治著　独眼よく奥羽を制覇し大藩築く、施政と生涯
天草時貞　岡田章雄著　島原乱の指導者。生立ちと一揆の顛末を描く
立花宗茂　中野等著　九州柳川藩の祖。軍記による粉飾拭った実伝
佐倉惣五郎　児玉幸多著　義民物五郎の実在を証明し事件の真相を解明
小堀遠州　森蘊著　遠州流茶祖。歌道・書・陶芸・造庭の巨匠事蹟
徳川家光　藤井讓治著　「生まれながらの将軍」の四八年の生涯を描く

由比正雪　進士慶幹著　丸橋忠弥らと幕府転覆を企て計破れた快雄伝

林　羅山　堀　勇雄著　博識を以て家康以下三代に仕えた模範的学者

松平信綱　大野瑞男著　家光側近として幕府確立に尽力した川越藩主

国姓爺　石原道博著　鄭成功。抗滑復明の義挙に参加温血快漢の伝

野中兼山　横川末吉著　土佐藩制確立期の大政治家。善政苛政を浮彫

隠　元　平久保　章著　招きに応じて渡来尊崇博した禅宗黄檗派の祖

徳川和子　久保貴子著　葵と菊の架け橋となった東福門院の初の伝記

酒井忠清　福田千鶴著　後世に悪者として描かれた江戸前期の政治家

朱　舜水　石原道博著　明末の大儒、水戸学に感化与えた高節帰化人

池田光政　谷口澄夫著　備前岡山藩祖。民政・文教に治績をあげた名君

山鹿素行　堀　勇雄著　日本中朝主義を提唱、儒学者・兵学者の詳伝

井原西鶴　森　銑三著　浮世草子作家の生涯を厳密な作品研究で抉る

松尾芭蕉　阿部喜三男著　最近の研究成果踏まえ作品織り成す俳聖の伝

三井高利　中田易直著　財閥三井家の始祖。元禄期に活躍した大商人

河村瑞賢　古田良一著　海運・治水事業に功遂げた江戸時代の大商人

徳川光圀　鈴木暎一著　水戸黄門で知られる二代藩主を捉え直す実伝

契　沖　久松潜一著　僧侶の身で古典を究め近世国学の先駆となる

市川団十郎　西山松之助著　成田屋初代から現十二代までの人と芸の列伝

伊藤仁斎　石田一良著　京都市井の大儒、古学を唱えた堀川学派の祖

徳川綱吉　塚本　学著　賞罰厳明・生類憐み―江戸幕府五代将軍の伝

貝原益軒　井上　忠著　江戸中期経学医学等広範に功残す福岡藩儒者

前田綱紀　若林喜三郎著　加賀藩中興の名君。藩民政典籍収集の功著大

近松門左衛門　河竹繁俊著　劇作家の氏神の素性と生涯を作品と共に描く

新井白石　宮崎道生著　近世詩壇の王者。和漢洋に亙る博学者の全伝

鴻池善右衛門　宮本又次著　大阪随一の富豪。財閥成長の事歴鮮明にする

石田梅岩　柴田　実著　〝心学〟の開祖。生涯と思想行実を巧みに描く

太宰春台　武部善人著　江戸時代を代表する儒者。―その学問と生涯

徳川吉宗　辻　達也著　江戸幕府中興の英主。享保改革の実体を究明

大岡忠相　大石　学著　大岡越前として名高い江戸中期の幕臣の実像

賀茂真淵　三枝康高著　国学の巨匠。業績・生涯を時代と共に描く力篇

平賀源内　城福　勇著　江戸中期の博物学者戯作者。奇才獄中に憤死

与謝蕪村　田中善信著　江戸時代の代表的文人画家の初の本格的伝記

三浦梅園　田口正治著　多数の驚異的哲理書著わす。近世の大思想家

毛利重就　小川國治著　藩政改革を断行した萩藩「中興の祖」の初伝

本居宣長　城福　勇著　国学の大成者。その学問・思想と業績を活写

山村才助　鮎沢信太郎著　鎖国下、世界地理学に先鞭つけた異才の業績

木内石亭　斎藤　忠著　江戸中期の奇石蒐集家日本先史学の開拓者！

小石元俊　山本四郎著　蘭学を京都に広め解剖の技術に優れた先覚者

山東京伝　小池藤五郎著　戯作浮世絵の大家、典型的通人の文芸と生涯

杉田玄白　片桐一男著　蘭学の確立発展に熱情傾け名誉遺した先覚者

塙　保己一　太田善麿著　群書類従等古典編集校刊の偉業遂ぐ盲人学者

上杉鷹山　横山昭男著　藩政改革に治績あげた米沢藩主。―封建の名君

大田南畝　浜田義一郎著　蜀山人。天明狂歌壇の王者、作品と生涯描く

只野真葛　関　民子著　女性の闘争を宣言した時代に早すぎた人の伝

小林一茶　小林計一郎著　庶民の哀歓を率直に歌いあげた異色の俳人伝

大黒屋光太夫　亀井高孝著　露領の小島に漂着十一年後送還された運命児

松平定信　高澤憲治著　寛政改革を推進し文化人と評された老中の伝

菅江真澄　菊池勇夫著　民俗学の先駆者となった『遊歴文人』の全生涯

島津重豪　芳　即正著　江戸後期積極的な開化政策推進した薩摩藩主

狩谷棭斎　梅谷文夫著　書誌学・金石学の基礎を築き考証学を大成す

最上徳内　島谷良吉著　江戸後期の蝦夷地探検家。北方問題に寄与大

渡辺崋山　佐藤昌介著　幕末の文人画家。蛮社の獄を招いた悲劇の伝

柳亭種彦　伊狩　章著　『田舎源氏』で空前のブーム起した旗本戯作者

香川景樹　兼清正徳著　公家歌学・尚古的歌論斥け歌壇の革新はかる

平田篤胤　田原嗣郎著　宣長の学統継ぐ国学の巨匠。精力的事蹟描く

間宮林蔵　洞　富雄著　大探検家。幕府隠密。明暗併せ描く異色の伝記

滝沢馬琴　麻生磯次著　晩年失明後も辛苦口述続けた最初の稿料作家

調所広郷　芳　即正著　幕末薩摩藩家老。財政改革の全容と生涯解明

橘　守部　鈴木暎一著　独学古典を研鑽し宣長学を批判。新境地開く

黒住宗忠　原　敬吾著　特異な宗派神道―黒住教の霊能と教祖の実伝

水野忠邦　北島正元著　天保改革を断行した悲劇宰相の業績背景活写

帆足万里　帆足図南次著　日本科学史に異彩放つ先駆者の生涯業績描く

江川坦庵　仲田正之著　太平に眠る幕閣に警鐘ならした幕末の名代官

藤田東湖　鈴木暎一著　代表的な水戸学者。熱血漢波瀾の生涯を描く

広瀬淡窓　井上義巳著　門弟三千幕末の逸材多数を輩出した大教育家
大原幽学　中井信彦著　勝れた下総の農民指導者、協同組合の創始者
島津斉彬　芳　即正著　内政外交に卓抜な英知示した開明派薩摩藩主
月　照　友松圓諦著　西郷と相抱いて薩摩潟に投身した憂国勤皇僧
橋本左内　山口宗之著　安政の大獄に散った偉大な青年の行動と事蹟
井伊直弼　吉田常吉著　開国の先覚か違勅の元凶か？時代と人物活写
吉田東洋　平尾道雄著　幕末土佐藩政改革の主役者。隠れた偉才の伝
佐久間象山　大平喜間多著　識見高邁幕末の開国論者。奔走中凶刃に斃る
真木和泉　山口宗之著　幕末尊攘派の理論的指導者。波瀾の生涯描く
高島秋帆　有馬成甫著　西洋砲術を修め率先洋式兵制と開国を唱道す
シーボルト　板沢武雄著　鎖国下西欧科学を伝えた近代日本の一大恩人
高杉晋作　梅溪　昇著　士庶混成の奇兵隊を創設した幕末の長州藩士
川路聖謨　川田貞夫著　日露和親条約締結の立役者。幕府に殉じた生涯
横井小楠　圭室諦成著　雄藩連合による開明的施策に身命捧げた先覚
小松帯刀　高村直助著　大政奉還から王政復古を演出した薩摩藩家老
山内容堂　平尾道雄著　幕末土佐の名君。詩酒奔放。大政奉還の偉功者

江藤新平　杉谷　昭著　明治初期立法の偉功者佐賀乱に敗れて刑死す
和　宮　武部敏夫著　公武合体の犠牲―家茂に嫁した数奇な皇女伝
西郷隆盛　田中惣五郎著　太っ腹で誠実、維新三傑の一。大生涯を描く
ハリス　坂田精一著　日本開国の主役―辣腕外交家の真面目を描く
森　有礼　犬塚孝明著　伊藤内閣初代文相。各界で活躍した事蹟描く
松平春嶽　川端太平著　幕末越前の名君。波瀾苦悩の生涯と政情描く
中村敬宇　高橋昌郎著　女子教育・盲唖教育を開拓した偉大な啓蒙家
河竹黙阿弥　河竹繁俊著　近世演劇の集大成者。作品解説兼ねる好伝記
寺島宗則　犬塚孝明著　幕末明治の激動期を生きた外務卿の本格的伝
樋口一葉　塩田良平著　貧窮裡に天稟を磨き忽然世を去った薄命作家
ジョセフ＝ヒコ　近盛晴嘉著　漂流渡米し受洗帰化、我国最初の新聞発刊者
勝　海舟　石井　孝著　機略縦横、不遇未完の政治家を維新期に活写
臥雲辰致　村瀬正章著　ガラ紡織機を発明し日本産業発展史に名残す
黒田清隆　井黒弥太郎著　埋もれた明治の礎石。多彩・悲劇の生涯描く
伊藤圭介　杉本　勲著　日本植物学の始祖。近代科学史上の先駆者！
福沢諭吉　会田倉吉著　広範な資料に基づく近代日本の大先覚者の伝

星　亨	中村菊男著	凶刃に斃れた明治政界偉材の怒濤・波瀾の伝
中江兆民	飛鳥井雅道著	仏学派代表と目された奇人兆民の理想と生涯
西村茂樹	高橋昌郎著	明治初期の思想家・教育者。多彩な業績紹介
正岡子規	久保田正文著	俳句・和歌の革新に不滅の偉業遂ぐ巨匠描く
清沢満之	吉田久一著	明治仏教界の明星。宗教的天才の思想と生涯
滝　廉太郎	小長久子著	「荒城の月」「箱根八里」等名曲残す天才作曲家
副島種臣	安岡昭男著	ハイカラで威厳に満ちた明治期外務卿の生涯
田口卯吉	田口　親著	近代日本建設に前人未到の足跡残した快男児
福地桜痴	柳田　泉著	非凡な才能世に容れられず才人の再評価描く
陸　羯南	有山輝雄著	徳富蘇峰らと対峙した孤高のジャーナリスト
児島惟謙	田畑　忍著	大津事件に司法権独立護持。明治法曹界巨人
荒井郁之助	原田　朗著	初代中央気象台長。自然科学の基礎築く先覚
幸徳秋水	西尾陽太郎著	社会主義から無政府主義へ。大逆事件で刑死
ヘボン	高谷道男著	幕末日本に渡来、銘記すべき業績残した恩人
石川啄木	岩城之徳著	薄命の大天才歌人。波瀾の裏面生活を浮彫す
乃木希典	松下芳男著	古武士的風格と家庭生活併せ描く将軍の実伝
岡倉天心	斎藤隆三著	日本美術の優秀性を世界に唱道した大先覚者
桂　太郎	宇野俊一著	長州藩閥のエリートが閥族政治の脱却に挑む
徳川慶喜	家近良樹著	複雑な性格と行動に満ちた徳川十五代将軍！
加藤弘之	田畑　忍著	初代東大総長。一世に感化与えた碩学の生涯
山路愛山	坂本多加雄著	明治大正期の卓越した思想家愛山の本格的伝
伊沢修二	上沼八郎著	明治教育界の大開拓者近代教育の基礎を築く
秋山真之	田中宏巳著	独自の兵学で日本海海戦に勝利した戦術家伝
前島　密	山口　修著	郵便の父。近代日本確立期、多彩に活躍の人
成瀬仁蔵	中嶌　邦著	近代女子教育に尽力した日本女子大の創立者
前田正名	祖田　修著	明治殖産興業の推進者広汎な活動克明に描く
大隈重信	中村尚美著	早大創立者。波瀾万丈の偉大な政党政治家！
山県有朋	藤村道生著	国軍建設の父、明治の元勲。絶対主義の権化
大井憲太郎	平野義太郎著	自由民権の急先鋒。労働・社会運動の先駆者
河野広中	長井純市著	立憲政治の完成を追求した民衆政治家の生涯
富岡鉄斎	小高根太郎著	セザンヌ・ゴッホに比すべき非凡な文人画家
大正天皇	古川隆久著	激動の明治・昭和の狭間を治めた守成の君主

津田梅子　山崎孝子著
女性解放と女子教育の開拓に精魂尽す先覚者

豊田佐吉　楫西光速著
世界的鉄製自動織機を完成。発明王・紡績王

渋沢栄一　土屋喬雄著
近代日本の発展に多大な役割演じた大実業家

有馬四郎助　三吉　明著
我国行刑史上不滅の名残すクリスチャン典獄

武藤山治　入交好脩著
鐘紡王国建設、時事新報社長等政財界に活躍

坪内逍遙　大村弘毅著
明治大正期文壇に君臨した文豪、劇作評論家

山室軍平　三吉　明著
伝道と社会事業に献身した日本救世軍司令官

南方熊楠　笠井　清著
奇行・型破りの非凡な学者。学問・業績を描く

山本五十六　田中宏巳著
真珠湾奇襲作戦を実行した〝名提督〟の実像

中野正剛　猪俣敬太郎著
東条に抗し弾圧下に割腹。激動・波瀾の詳伝

河上　肇　住谷悦治著
弾圧下学問的良心守るマルクス主義経済学者

牧野伸顕　茶谷誠一著
昭和天皇の側近を務めた生涯とその時代描く

御木本幸吉　大林日出雄著
伝説化した真珠王伝を大きく書き改めた力篇

尾崎行雄　伊佐秀雄著
藩閥に抗し軍国主義と戦う、憲政の神の生涯

緒方竹虎　栗田直樹著
戦後55年体制の礎を築いた政党政治家の足跡

石橋湛山　姜　克實著
先見性に優れた異色の言論人・政治家・思想家

八木秀次　沢井　実著
テレビアンテナの発明者の戦前・戦中・戦後

▽以下続刊